1분 영어 말하기 스피킹 매트릭스

INPUT

한국인을 위한 가장 과학적인 영어 스피킹 훈련 프로그램

스피킹 매트릭스

SPEAKING MATRIX

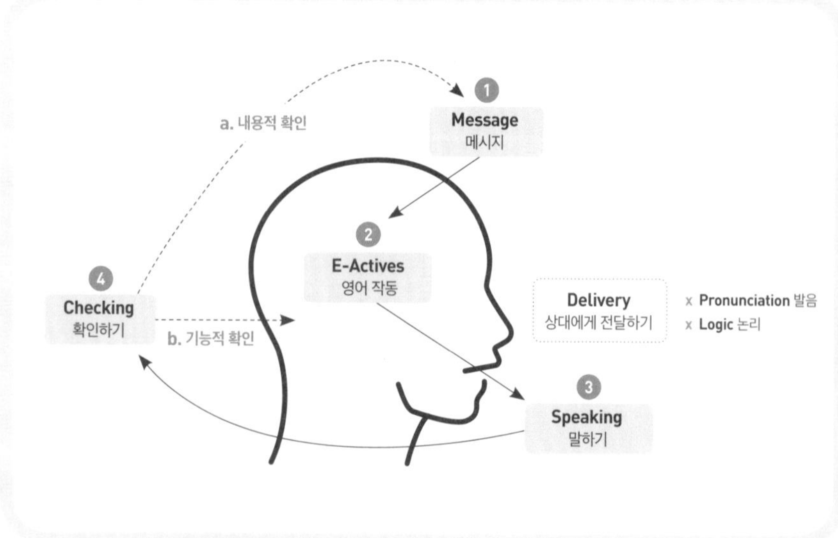

영어 강의 21년 경력의 스피킹 전문가가
한국인의 스피킹 메커니즘에 맞춰 개발하여
대학생, 취업 준비생, 구글코리아 등 국내외 기업 직장인들에게
그 효과를 검증받은 가장 과학적인 영어 스피킹 훈련 프로그램
『스피킹 매트릭스 **Speaking Matrix**』

이제 여러분은 생각이 1초 안에 영어로 완성되고
1분, 2분, 3분,… 스피킹이 폭발적으로 확장하는
놀라운 경험을 하게 될 것이다!

내 영어는 왜 5초를 넘지 못하는가?

당신의 영어는 몇 분입니까? 영어를 얼마나 잘하는지 확인할 때 보통 "얼마나 오래 말할 수 있어?", "1분 이상 말할 수 있니?"와 같이 시간을 따집니다. 영어로 오래 말할 수 있다는 것은 알고 있는 표현의 수가 많고, 다양한 주제를 다룰 풍부한 에피소드들을 가지고 있음을 의미합니다. 그래서 '시간의 길이는 스피킹 실력을 판가름하는 가장 분명한 지표'입니다.

스피킹 매트릭스, 가장 과학적인 영어 스피킹 훈련법! 영어를 말할 때 우리 두뇌에서는 4단계 과정(왼쪽 그림 참조)을 거치게 됩니다. 그러나 보통은 모국어인 한국어가 영어보다 먼저 개입하기 때문에 그 과정이 원활하게 진행되지 못합니다. 『1분 영어 말하기』에서 『3분 영어 말하기』까지 스피킹 매트릭스의 체계적인 훈련 과정을 거치고 나면 여러분은 모국어처럼 빠른 속도로 영어 문장을 완성하고 원하는 시간만큼 길고 유창하게 영어를 구사할 수 있게 됩니다.

▶ 스피킹 매트릭스 훈련과정

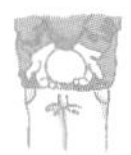

1분 영어 말하기
눈뭉치 만들기

스피킹에 필요한 기본 표현을 익히는 단계

↓

2분 영어 말하기
눈덩이 굴리기

주제별 표현과 에피소드를 확장하는 단계

↓

3분 영어 말하기
눈사람 머리 완성

자신의 생각을 반영하여 전달할 수 있는 단계

▶ 스피킹 매트릭스 시리즈

독자의 1초를 아껴주는 정성!

세상이 아무리 바쁘게 돌아가더라도
책까지 아무렇게나 빨리 만들 수는 없습니다.
인스턴트 식품 같은 책보다는
오래 익힌 술이나 장맛이 밴 책을 만들고 싶습니다.

길벗이지톡은 독자여러분이
우리를 믿는다고 할 때 가장 행복합니다.
나를 아껴주는 어학도서,
길벗이지톡의 책을 만나보십시오.

독자의 1초를 아껴주는
정성을 만나보십시오.

미리 책을 읽고 따라해본 2만 베타테스터 여러분과
무따기 체험단, 길벗스쿨 엄마 2% 기획단,
시나공 평가단, 토익 배틀, 대학생 기자단까지!
믿을 수 있는 책을 함께 만들어주신 독자 여러분께 감사드립니다.

홈페이지의 '독자마당'에 오시면
책을 함께 만들 수 있습니다.

(주)도서출판 길벗 www.gilbut.co.kr
길벗 스쿨 www.gilbutschool.co.kr

mp3 파일 다운로드 안내 

홈페이지 (www.gilbut.co.kr) 회원(무료 가입)이 되시면 오디오 파일을 비롯하여 다양한 자료를 이용하실 수 있습니다.

1단계 로그인 후 도서명 ▼ [ ] 검색 에 찾고자 하는 책이름을 입력하세요.

2단계 검색한 도서에 대한 자료를 다운로드 받으세요.

1분 영어 말하기 스피킹 매트릭스

김태윤 지음

국내 1위 영어 스피킹 훈련 프로그램
스피킹 매트릭스: 1분 영어 말하기
Speaking Matrix: 1-Minute Speaking

초판 1쇄 발행 · 2020년 5월 30일
초판 7쇄 발행 · 2024년 1월 20일

지은이 · 김태윤 | **컨텐츠 어시스트** · 황서윤
발행인 · 이종원
발행처 · (주)도서출판 길벗
브랜드 · 길벗이지톡
출판사 등록일 · 1990년 12월 24일
주소 · 서울시 마포구 월드컵로 10길 56(서교동)
대표 전화 · 02)332-0931 | **팩스** · 02)323-0586
홈페이지 · www.gilbut.co.kr | **이메일** · eztok@gilbut.co.kr

기획 및 책임편집 · 임명진(jinny4u@gilbut.co.kr), 김대훈 | **디자인** · 황애라 | **제작** · 이준호, 손일순, 이진혁
마케팅 · 이수미, 장봉석, 최소영 | **영업관리** · 김명자, 심선숙 | **독자지원** · 윤정아

편집진행 및 교정교열 · 강윤혜 | **전산편집** · 조영라 | **일러스트** · 정의정
오디오녹음 · 와이알미디어 | **CTP 출력 및 인쇄** · 예림인쇄 | **제본** · 예림바인딩

ISBN 979-11-6521-135-6 04740 (길벗도서번호 300919)

정가 12,000원

독자의 1초까지 아껴주는 정성 길벗출판사

(주)도서출판 길벗 IT교육서, IT단행본, 경제경영서, 어학&실용서, 인문교양서, 자녀교육서
www.gilbut.co.kr
길벗스쿨 국어학습, 수학학습, 어린이교양, 주니어 어학학습, 학습단행본
www.gilbutschool.co.kr

'국내 1위 영어 스피킹 훈련 프로그램'

스피킹 매트릭스가 출간된 지 어느덧 6년이라는
시간이 지나 20만 독자 여러분들과 만났습니다.
그동안 독자분들이 보내주신, 그리고 지금도 계속되는
소중한 도서 리뷰와 문의 및 요청의 글들을 보면서
저자로서 너무도 영광스러웠고 보답하고 싶다는 열망이 생겼습니다.

'영어를 모국어처럼 빠르게 말할 수 없을까?'

우리가 영어를 말할 때 그토록 고생스러웠던 것은
바로 '문장강박'이 있기 때문입니다.
한 단어 한 단어, 덩어리 덩어리 끊어 말해 보세요.
하나의 문장을 기본 단위로 생각하니까 어렵지
짧게 끊기 시작하면 이처럼 쉽고 편한 것이 없습니다.
끊어서 말하면 더 짧게 짧게 생각해도 됩니다.
그래서 스피킹이 원활해지기 시작하고, 그래서 재미있고,
그래서 더 빠르게 영어를 말할 수 있습니다.

굳이 '빨리 말해야지!'라는 각오는 하지 마세요.
오히려 반대로 느긋하게 여유를 부리세요.
그러면, 속도는 선물처럼 결과물로 드러나게 되어 있습니다.
제가 지난 10년간 숱하게 보아왔던 그 자유롭고 즐거운
영어 말하기의 시간을 이제 여러분께 선사합니다.

한국인의 스피킹 메커니즘을 밝혀내다!

15년 간 영어 강사로 활동하면서 어휘, 독해, 청취, 회화 등 영역별로 수많은 학습법과 자료들을 수집해 왔습니다. 그런데 스피킹을 가르치면서 실제 우리가 영어를 말할 때는 어휘, 독해, 청취 등의 다른 영역들이 종합적으로 작용한다는 것을 깨달았습니다. 특정 부분만 강조할 경우 전체적인 말하기 능력이 오히려 방해를 받게 되는 거죠. 그래서 저는 스피킹의 전 과정을 하나로 아우르는 영어 훈련법을 연구해 보기로 했습니다.

그동안 영어를 한마디도 못하는 왕초보자부터 글로벌 기업에서 일하는 외국인까지 다양한 수준의 학습자들에게 영어를 가르치면서 한국인의 스피킹 과정에 최적화된 학습법을 찾아왔습니다. 그리고 지난 10년 스피킹 강의를 하며 축적한 방대한 데이터와 산재해 있던 스피킹의 과정들을 응축하여, 마침내 하나의 그림을 그려낼 수 있었습니다. 이것이 바로 스피킹 매트릭스(Speaking Matrix)입니다. 스피킹 매트릭스를 정리하고 나니 사람들이 영어를 말할 때 어느 지점에서 어려움을 겪게 되는지 마치 X-레이처럼 선명하게 보였습니다. 문제의 원인과 상태를 파악할 수 있으니 정확한 훈련법도 제시할 수 있었습니다.

『스피킹 매트릭스』 3단계 훈련법은 이러한 과정을 거쳐 탄생했습니다. 저는 이 훈련법을 대학생, 취업 준비생, 구글코리아 등 국내외 기업 직장인들을 대상으로 실제로 적용해 보았습니다. 그 결과는 놀라웠습니다. 영어 한마디 못 했던 학생을 5개월의 훈련 과정을 통해 한국 IBM의 5,500명 지원자 중 수석으로 합격시켰고, 영어 시험 때문에 승진에서 누락될까 불안에 떨던 중견 간부의 얼굴에 미소를 찾아줄 수 있었습니다. 이제 오랜 연구의 결과물을 정제하여 여러분 앞에 선보이려 합니다. 이 책을 통해 오랜 영어 스트레스에서 벗어나 1초 안에 문장을 완성하고 1분, 2분, 3분 길고 유창하게 영어를 말하는 즐거움을 느껴 보시기 바랍니다.

그동안 강의 현장과 스터디룸에서 하루하루 절실함을 안고 저와 함께 노력해준 수많은 학생들과의 귀한 시간과 소중한 인연에 감사합니다. 그분들이 있었기에 이 책이 탄생할 수 있었습니다. 학생들은 곧 저의 가장 큰 스승임을 깨닫습니다. 이 책이 세상에 나올 수 있도록 길을 열어주고 함께해준 길벗 출판사와 늘 저의 신념을 공유하고 실현을 도와준 황서윤 강사에게도 감사의 마음을 전합니다. 그리고 언제나 제 힘의 원천인 사랑하는 가족들, 하늘에서 흐뭇하게 지켜보고 계실 부모님, 사랑하고 존경합니다.

김 태 윤

스피킹 매트릭스 소개 : About Speaking Matrix

한국인이 영어를 말할 때 머릿속에서 일어나는 사고의 진행 과정을 한 장의 그림으로 응축해낸 것이 스피킹 매트릭스(Speaking Matrix)입니다. 이 책의 모든 콘텐츠와 훈련법은 스피킹 매트릭스를 기반으로 각각의 프로세스를 원활히 하는 데 초점을 맞춰 제작되었습니다.

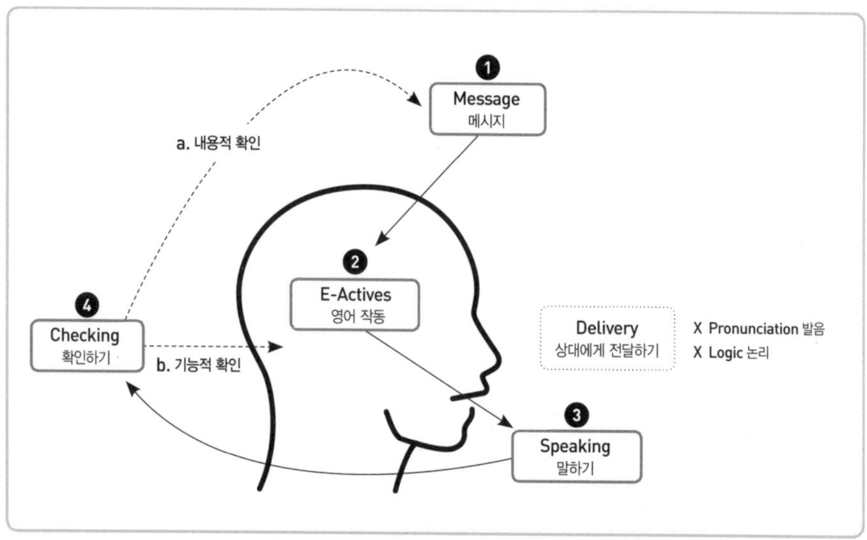

지금부터 스피킹 매트릭스의 각 단계가 어떤 식으로 흘러가는지, 단계마다 어떤 식으로 훈련하는 것이 효과적인지 차근차근 설명해 드리겠습니다.

말하기의 가장 기본적인 전제는 어떤 할 말이 떠오른다는 것인데, 바로 이 할 말이

Message에 해당합니다. 말하고자 하는 '의도'라고 할 수 있습니다. 이 '의도'가 자연스럽게 올라오도록 기다려 주는 것, 이 '의도'가 올라오고 나서 그다음 과정을 진행하는 것이 매우 중요합니다. 이는 자연 질서 그대로의 말하기이며, 끊어 말하기로 가능해집니다. 한 단어 한 단어, 또는 표현 덩어리 덩어리 끊어 말하기는 스피킹의 가장 중요한 습관입니다. 그리고 여러분이 '문장강박'에서 벗어나 자유롭고 편한 영어 스피킹으로 가는 유일한 길이기도 하고요.

Message는 상황에 따라 좀 달라집니다. 때로는 아주 큰 이야기 덩어리일 수도 있고, 때로는 한 단어 수준으로 하나의 개념이 되기도 합니다. 이를 한 번에 말하면 '의도'라고 할 수 있습니다. 자기가 하고자 하는 말의 의도가 생기는 것이죠. 그 의도 자체를 Message라고 보셔도 좋습니다. 영어를 처음 할 때는 우리 머릿속에서 일단 모국어, 즉 한국어가 무의식적으로 진행되기 때문에 이 Message 자리에 한국어가 와서 기다리고 있는 경우가 대부분일 것입니다. 그래서, 영어 말하기가 숙달되지 않은 상태에서는 이 Message 부분이 거의 한국어 단어 또는 표현, 또는 문장이 되는 것은 자연스러운 일입니다. 하지만, 점점 시간이 지날수록, 즉 영어 말하기를 자꾸 진행해 숙달될수록 원래의 기능, 즉 '의도'가 더 강력한 작동을 하게 됩니다.

한 가지 신경 쓸 것은, 처음부터 긴 내용의 Message를 처리하는 것은 힘들어서 떠오르는 내용을 아주 짧게 만드는 것이 유리하다는 점입니다. 처음에는 떠오르는 것을 한 단어로 아주 짧게 만드세요. 단어로 짧게 영어로 말하는 것은 그래도 할 만한 일입니다. 그러다 좀 익숙해지면 약간 큰 덩어리(chunk)도 진행이 됩니다. 의미 덩어리는 점점 더 커져서 어느덧 긴 이야기도 할 수 있게 됩니다. 그러니 처음엔 한 단어씩 짧게 만들어주는 것이 당연하고 매우 수월하며 누구나 할 만한 작업이 되는 것이죠. 단어-단어, 덩어리-덩어리 끊어서 말하는 것은 첫 과정부터 수월하게 만들어 줍니다.

❷ 

메시지를 표현할 영어를 떠올린다

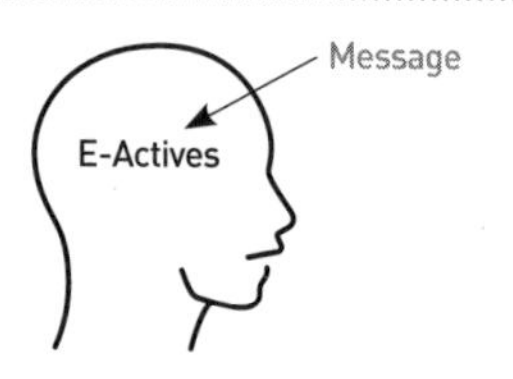

하고자 하는 말, Message에 해당하는 영어를 떠올리는 작업입니다. 처음엔 당연히 그 해당하는 단어나 표현을 찾는 데에 시간이 걸리겠죠? 영어 말하기를 할 때, 어떤 단어가 당장 떠오르지 않으면 너무 당황하고, 무슨 죄지은 사람처럼 긴장하고 눈치를 보게 되는데, 이 모두가 다 강박일 뿐입니다. 처음엔 하나하나의 단어를 찾는 데 시간이 걸린다는 것을 아주 당연하게 여겨야 합니다. 단어를 찾는 시간, 즉 아무 말을 하지 않는 시간을 아주 여유롭게 생각할 필요가 있습니다. 당연히, 점점 시간이 지날수록 시간이 짧게 걸립니다. 점점 원활해지는 것이죠. 아주 원활해져서 거의 자동적으로 떠오르는 영어 단어나 표현을 E-Actives라 합니다. * 여기서 E는 English(영어)입니다.

영어 말하기에 능숙한 사람은 E-Actives가 작동합니다. 즉 우리말보다 영어가 앞서 떠오르는 것이죠. 우리말 개입이 거의 일어나지 않고, 때로는 영어가 우리말에 영향을 주기도 합니다. 영어 표현에 숙달됐을 뿐 아니라 표현 방식도 영어식으로 발달해 있는 상황이죠.

한 가지 주의할 점은, 아무리 머릿속에 영어로 된 표현이 금방 떠올랐다고 하더라도, 이를 그대로 읽듯이 한 번에 죽 내뱉는 습관을 지양해야 한다는 것입니다. 한 덩이로 후루룩 말해버리게 되면 소리가 뭉쳐서 자칫 상대방이 못 알아들을 수 있습니다. 한국인에게는 발음보다 중요한 것이 '끊어 말하기'입니다. 머릿속에 영어가 덩어리로 떠올랐다고 하더라도 말을 할 때는 한 단어씩 천천히 의미를 두고 말하는 습관을 들여야 합니다. 그래야 같은 표현이라도 더 의미 있게 전달할 수 있고, 상대방도 더 잘 알아듣게 됩니다. E-Actives가 먼저 떠올랐다고 하더라도, 한 단어 한 단어 끊어 말하는 것은 여전히 중요합니다.

이런 진행 과정을 거쳐 구성된 말을 내뱉는 단계입니다. 이때 발음(pronunciation)과 논리(logic)는 상대방에게 내용을 전달(delivery)할 때 그 효과를 배가시켜 줍니다. 아무래도 발음이 정확하고 말이 논리적이면 내용 전달에 더 효과적이겠지요. 하지만 발음의 경우, 다소 부정확하더라도 말하는 내용의 전체 맥락에서 어느 정도 이해할 수 있으므로 의사소통에는 사실상 큰 문제가 되지 않습니다. 그러나 논리의 경우는 다릅니다. 여기서 말하는 논리란 말의 흐름이 자연스럽고 상황을 구체적으로 표현해서 상대방이 뚜렷하게 이미지를 떠올릴 수 있는 정도를 말합니다. 전달하고자 하는 말이 두서가 없거나 앞뒤 흐름이 이어지지 않거나 근거가 부족한 경우라면 상대방이 이해하기가 힘들겠지요.

특히, 떠오른 단어나 표현을 말하고 난 다음에는 반드시 '끝나는 감각'을 가져야 합니다. '이 말을 하고 나는 일단 끝난다'는 감각을 갖는 것은 모든 영어 말하기 프로세스에 있어서 가장 핵심입니다. 이것이 스피킹보다 리딩 중심의 언어 활동, 즉 말하기도 입보다 눈으로 더 많이 접해서 생긴 한국인의 '문장강박'에서 벗어나는 길입니다. 또한, 원래 영어 말하기의 자연 질서로 원위치시키는 길이기도 합니다. 일단 말을 끝내놓고, 다음 할 말은 천천히 생각하겠다는 여유를 가지세요. 자신을 믿고 자신의 뇌를 믿고 기다리면, 나머지 과정은 알아서 진행됩니다. 지극히 자연스럽고 편안한 형태로 말이죠.

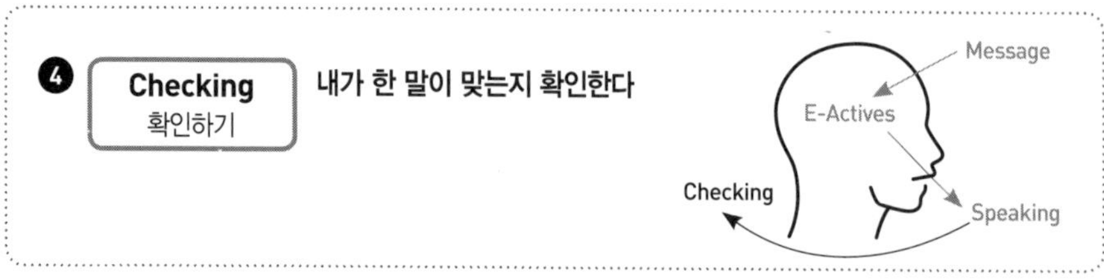

말을 하고 난 다음에는 방금 한 말이 자기가 원래 하려던 말인지 확인하는(checking) 과정이 진행됩니다. 이는 본능적으로 일어나는 과정이므로 말하는 사람이 미처 인지하지 못할 수도 있습니다. 하지만, 머릿속에서 아예 영작을 다 하고 난 다음 이를 읽는 식의 복잡한 프로세스를 가진 상태에서는 이 당연하고 본능적인 과정이 생략되어 버립니다. 자기 말을 듣지 않고 정신없이 계속 진행하게 되는 것이죠. 리딩 중심의 언어 활동, 즉 리딩하듯 스피킹을 하는 것은 이렇게 힘들고 복잡하고 말도 안 되는 상황으로 이어지는 폐단이 있습니다. 스피킹이 원활하게 진행되지 못하는 것은 당연한 결과입니다. 이 모든 어려움과 폐단을 해결하는 방법은 바로 '일단 자기가 한 말을 듣는 것'입니다. 당연히 한 문장을 후루룩 내뱉지 말아야 합니다. 한 단어, 또는 하나의 의미 덩어리(청크) 정도만 말하고 끝내놓은 다음, 자기가 한 말을 들어야 '문장강박'에서 벗어난 편하고 쉬운 영어 말하기 프로세스가 진행됩니다.

여기서 확인(checking)은 내용적인 확인과 기능적인 확인으로 나뉩니다.

4a. 내용적인 확인 | 말할 내용을 제대로 전달했는지 확인한다

내용적인 확인은 거의 본능적으로 순식간에 이루어지기 때문에 대부분 의식하지 못하지만, 스피킹에서 매우 중요한 단계입니다. 말하는 도중 딴생각을 하거나 주의가 다른 데 가 있으면 자신이 의도했던 말과 다른 말을 해도 눈치채지 못하는 상황이 벌어지게 됩니다. 그런 경험 한두 번쯤은 있을 텐데요. 내용적인 확인이 제대로 진행되지 않았을 때 일어나는 상황입니다.

4b. 기능적인 확인 | 문법, 표현, 어휘가 정확했는지 확인한다

오류 검토 작업이 이루어지기도 하고, 더 나은 표현이 떠오르기도 하는 등 다양한 상황이 벌어집니다. 그리고 오류를 알아차리는 순간 말을 반복하거나 정정하거나 다른 표현을 말하기도 합니다. 이 단계에서 잘 조정하면 말하기 흐름을 바로 원활하게 고쳐나갈 수 있습니다.

스피킹이 능숙한 사람은 내용적인 확인과 기능적인 확인이 동시에 진행됩니다. 반대로 스피킹이 익숙하지 않은 사람은 이 과정이 동시에 진행될 때 머리에 쥐가 나고 말문이 막히게 됩니다. 오류에 신경 쓰면 다음 말이 떠오르지 않고, 내용에 신경 쓰면 오류가 나는 것이죠. 하지만 걱정할 필요는 없습니다. 이는 여러분이 유창한 스피킹으로 가기 위해 거쳐야 하는 당연한 과정이니까요.

이렇게 확인 작업이 끝나면 다음에 할 말, 다음 의도, 즉 다음 Message가 떠오릅니다. 그리고 위의 과정이 반복해서 진행됩니다. 이 과정이 계속 원활하게 진행되는 것, 이것이 바로 자연 질서의 영어 말하기가 진행되는 과정, Speaking Matrix입니다.

스피킹 매트릭스 훈련 구조 : Construction

〈스피킹 매트릭스 시리즈〉에는 짤막한 표현을 덩어리로 익히는 『1분 영어 말하기』부터 다양한 에피소드를 채워 대화를 풍부하게 하는 『2분 영어 말하기』, 그리고 자신의 의견을 구체적인 근거를 들어가며 설득력 있게 전달하는 『3분 영어 말하기』까지 여러분의 영어 실력을 과학적 · 체계적으로 확장해 주는 3단계의 훈련 과정이 준비되어 있습니다.

{ 스피킹 매트릭스 3단계 훈련 }

눈뭉치 만들기: 스피킹에 필요한 기본 표현을 익히는 단계

혹시 눈사람을 만들어 보셨나요? 빨리 만들고 싶다고 해서 한 번에 커다란 눈 덩어리를 만들 수는 없습니다. 아무리 큰 눈사람도 작은 눈뭉치를 두 손으로 단단하게 다지는 과정부터 시작합니다. 눈사람을 많이 만들어 본 사람일수록 처음에 시작하는 눈뭉치를 얼마나 단단하고 알차게 만들 수 있는지에 집중합니다. 그래야 이 작은 눈뭉치를 굴리고 굴려서 원하는 크기의 눈사람을 만들 수 있을 테니까요.

눈사람을 완성하기 위한 뼈대가 되어줄 단단하고 알찬 눈뭉치, 이것이 바로 『1분 영어 말하기』의 기본 표현입니다. 우리가 일상생활에서 자주 사용하고 어떤 주제에 대해 말하더라도 공통적으로 등장하는 표현들입니다. 가장 우선적으로 익혀야 하고 일단 익히고 나면 유용하게 쓸 수 있습니다. 영어를 못하는 사람일수록 이 기본 표현부터 눈을 뭉치듯 확실하게 입에 붙여야 합니다.

핵심 중의 핵심만 뽑았기에 분량은 많지 않지만 이 표현들로 할 수 있는 말은 상당합니다. 사용 빈도가 높은 표현들이기에 이것을 적용해서 말할 수 있는 상황도 많기 때문이죠.

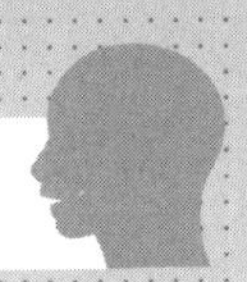

눈덩이 굴리기: 주제별 표현과 에피소드를 확장하는 단계

일상생활에서 우리가 어떤 주제를 가지고 이야기할 때는 하게 될 말들이 뻔~한 경우가 많습니다. 자전거를 예로 들까요? 타고, 넘어지고, 브레이크 잡는 것 등에 대한 이야기는 늘 하게 되죠. 어차피 하게 될 이런 이야깃거리들을 미리 익혀둔다면 스피킹을 할 때 당연히 유리할 것입니다. 단어 따로 문법 따로 배우고 이를 조합해 만드는 것은 이 바쁜 시대에 어울리지 않는 더딘 방법이죠. 게다가 자기가 아는 단어들을 우리말식으로 조합해 만들 경우 실제로 영어에서 쓰이지 않는 어색한 표현이 되기 쉽습니다.

그래서 주제별 표현과 에피소드들을 통으로 익히는 과정이 필요합니다. 일단 입으로 한 번이라도 해본 말들은 아무래도 더 빨리 입에 붙게 됩니다. 제가 영어를 가르칠 때도, 다양한 에피소드들을 익힌 학생들은 일상생활에 관한 사소한 내용까지도 상당히 원활하게 영어로 말할 수 있는 실력을 갖게 되었습니다.

영어 말하기를 상황이나 기능별로 분류하여 익히는 접근법은 한계가 있습니다. 실제 우리가 영어로 말할 때 회화책에 나오는 대화 상황과 100% 일치하는 경우는 거의 없습니다. 영어의 기본 틀인 문법을 익히고 다양한 패턴을 외우는 것도 어느 정도는 도움이 되겠지만, 이런 것들만으로 다양한 주제에 대한 이야깃거리를 만들어내는 것은 어렵겠죠. 그래서 스피킹의 확장에서 결정적인 한계에 부딪히게 됩니다.

이런 접근법들이 갖고 있는 한계를 극복하는 가장 빠르고 확실한 지름길이 바로 에피소드 정복입니다. 『2분 영어 말하기』에는 우리가 일상에서 경험할 수 있는 다양한 주제와 관련된 에피소드들이 등장합니다. 여기에 나오는 에피소드만 제대로 입에 붙여도 여러분의 스피킹은 지금보다 훨씬 다채롭고 풍성해질 것입니다.

눈사람 머리 완성: 자신의 생각을 반영하여 전달할 수 있는 단계

눈사람 몸통을 아무리 잘 만들었어도 머리를 올리지 않으면 눈사람이라고 할 수 없습니다. 이건 말하기에서도 마찬가지입니다. 스피킹을 확장하다 보면 결국 자신의 생각이 반영되어야 하는 시점이 옵니다. 아무리 표현을 많이 알고 상황을 설명할 수 있다고 해도, 어떤 주제나 문제에 대해 자신의 생각을 말할 수 없다면 스피킹이 제대로 완성된 게 아닙니다.

실제로 스피킹 훈련을 하다 보면, 어떤 말을 해야 할지 몰라 말을 잇지 못하는 상황이 종종 있습니다. 영어를 제대로 말하려면 표현을 익히고 에피소드를 채우는 데서 더 나아가 사고(思考)가 늘어야 합니다. 그렇지 않으면 알고 있는 어휘와 표현들을 제대로 활용할 수 없습니다. 그래서 영어를 어느 정도 할 수 있게 되면 반드시 자신의 의견을 말하는 훈련이 필요합니다. 이때 『1분 영어 말하기』에서 익힌 기본 표현을 활용하고, 자신의 의견을 뒷받침할 구체적인 예를 『2분 영어 말하기』의 다양한 에피소드에서 찾아 응용해 말하면 되는 겁니다.

: 스피킹 매트릭스 3단계 훈련의 효과 :

	영어회화	OPIc	토익 스피킹
1분 영어 말하기	초급 이상	IM 2&3	5, 6등급 가능
2분 영어 말하기	중급	IH	7등급 가능
3분 영어 말하기	고급	AL	8등급 가능

{ INPUT & OUTPUT }

『1분 영어 말하기』에서 『3분 영어 말하기』까지 3단계의 훈련 과정은 표현과 에피소드를 채우는 훈련인 INPUT과 이것을 응용해 실제로 말하는 연습을 하는 OUTPUT의 두 가지 과정으로 이뤄집니다.

INPUT ▸ 기본 표현과 에피소드 익히기 → 실제 훈련 과정 반영

스피킹 교재는 내용도 중요하지만, 무엇보다 이 내용들을 실제 입으로 익힐 수 있는 훈련 구조가 가장 중요합니다. 이 책에 나오는 훈련 구조는 모두 제가 학생들과 실제로 훈련하는 과정을 그대로 담은 것입니다. 훈련 과정 하나하나 중요한 의도와 효과를 가지고 있으므로 그대로 따라 하면 자연스럽게 표현과 에피소드가 외워지는 동시에 스피킹 실력이 향상됨을 느낄 수 있을 것입니다. 크게 소리 내어 훈련하기 어렵다면 머릿속으로라도 따라 하고 훈련하세요. 스피킹 실력이 확실하게 향상되고 있음을 깨닫게 되실 겁니다.

OUTPUT ▸ 섞어 말하기 → 강력한 반복 구조로 효과 up!

『1분 영어 말하기』에서는 표현들을 하나씩 배우고 이를 서로 연결하고 섞어 문장을 길게 만드는 훈련을 합니다. 『2분 영어 말하기』에서는 주제별로 익힌 에피소드를 이리저리 섞어서 실제 스피킹 상황처럼 훈련합니다. INPUT에서 배운 내용들을 효과적으로 반복 훈련할 수 있는 더없이 좋은 응용 훈련이 바로 MIX, 섞어 말하기입니다.

『스피킹 매트릭스』 세 권은 서로 유기적으로 연결되면서 반복 확장되는 구조입니다. 예를 들어, 『1분 영어 말하기』의 기본 표현이 계속 반복되면서 『2분 영어 말하기』(에피소드)와 『3분 영어 말하기』(에피소드 + 의견)에는 특정 상황에 필요한 어휘와 표현만 살짝 더해지는 식이죠. 기본 표현을 벗어나는 문법이나 표현은 최대한 제한했습니다. 그래야 배운 내용을 확실히 익히고 새로 추가되는 어휘와 표현도 제대로 소화할 수 있으니까요.

똑같은 표현이지만 여러 다양한 상황에서 디테일이 더해지면서 서로 유기적으로 연결되고 점진적으로 반복됩니다. 이는 단순히 암기하는 것과는 비교가 되지 않는 강력한 효과로 이어질 수 있습니다. 그래서 『3분 영어 말하기』의 OUTPUT은 1분, 2분, 3분의 총체적인 덩어리, 최종적인 종합 훈련의 장이 됩니다.

책장을 펼치고 MP3 플레이 버튼만 누르면, 어디든 나만의 영어 학원이 된다!

— 구글 본사 커뮤니케이션팀 이사 정김경숙 —

제 영어 인생에서 제 2막이 시작된 것 같습니다. 그동안 미국 유학 시절 배운 영어로 직장에서 그럭저럭 버텨왔습니다. 부족하다는 느낌은 들었지만, 도대체 어디서부터 어떻게 시작해야 할지 해결책을 찾지 못해 답답했었죠. 하지만 『스피킹 매트릭스』를 만나면서 달라졌습니다. 영어 실력을 한 단계 올려보겠다는 욕심이 생겼고, 무엇보다 영어에 자신감을 되찾게 되었습니다. 예전이라면 무심코 흘려보냈을 하루 몇 분의 자투리 시간을 아껴서 꼬박꼬박 영어 말하기를 연습합니다. 책장을 펼치고 MP3 플레이 버튼만 누르면 내가 있는 곳이 어디든 나만의 작은 영어 학원이 생깁니다. 이처럼 저에게 끊임없는 동기부여를 해주는 학습 구성이 참 좋습니다.

스피킹 훈련과 스피치 전문강사의 강의, 진정한 통합 스피킹 훈련 프로그램!

— 아웃백코리아 인사부 상무 김정옥 —

글로벌 시대를 사는 직장인이라면 누구나 한 번쯤 영어에 대한 고민을 하게 될 것이다. 하지만 대부분 바쁜 업무에 치여 영어 공부에 시간과 돈을 충분히 투자하기 어려운 것이 현실이다. 지금 이 순간, 영어 때문에 남모를 고민에 빠져 있는 분들께 『스피킹 매트릭스』를 추천하고 싶다. 이 책에는 1분, 2분, 3분, 여러분의 영어를 점점 더 길고 유창하게 만들어주는 독특하고 효과적인 스피킹 훈련법이 담겨 있다. 게다가 스피킹 전문가인 저자의 강의도 함께 들을 수 있으니 시간과 장소에 구애받지 않고 영어 실력을 향상시킬 수 있는 진정한 통합 스피킹 훈련 프로그램이라 하겠다. 『스피킹 매트릭스』로 여러분의 영어 고민을 해결하고 글로벌리스트로 거듭나기를 기원한다.

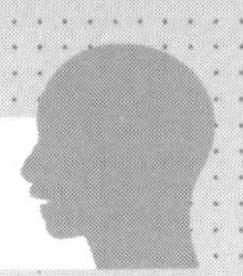

영어책이 이토록 과학적일 수 있다니 정말 놀랍다!

— 한국릴리 마케팅/부사장 김민영 —

김태윤 선생님의 강의는 기존의 영어 수업과 차별화되는 부분이 있다. 내가 가지고 있는 나쁜 언어 습관들, 스스로 인식하지 못하고 있던 부분까지 예리하게 짚어주면서 수업을 진행한다. 최적의 영어 표현들과 반복-확장을 통한 체계적인 훈련은 단순히 영어로 문장을 완성하는 데 그치지 않고 유창하고 논리적인 영어 말하기까지 가능하게 해주었다. 『스피킹 매트릭스』는 그의 노하우가 완벽하게 응축된 결정체이다. 스피킹의 메커니즘을 정확히 꿰뚫고 있으며, 그 어떤 영어책보다도 과학적 · 체계적으로 훈련시켜 준다. 바쁜 일상, 자투리 시간을 활용해 최단기간에 최대의 효과를 얻고 싶은 분들께 이보다 더 완벽한 스피킹 교재는 없을 것이다.

답답한 영어에 속시원한 해답을 제시해주는 책!

— 바슈롬코리아 재무회계 상무 김은경 —

그동안 영어 공부에 꽤 많은 시간과 노력을 투자해 온 것 같다. 하지만 하면 할수록 모국어가 아닌 외국어를 잘한다는 것이 얼마나 어려운 일인가를 깨닫게 되었고, 좀처럼 늘지 않는 실력에 조금씩 지쳐가고 있었다. 그러던 중 『스피킹 매트릭스』를 만나게 되었고, 그동안 내가 늘 궁금해하던 표현들이 여기에 모두 수록되어 있음을 발견했다. 일상생활에서 "이건 영어로 뭐라고 하지?" 궁금했지만 답답해하던 모든 이들에게 이 책이 속 시원한 해답을 제공할 것이다. 그리고 간단한 표현에서 시작해 점차 디테일하고 심화된 에피소드로 확장해가는 체계적인 학습 과정을 따라가다 보면 '와, 정말 스피킹 실력이 향상될 것 같은데!'라는 확신이 든다.

미리보기 : Preview

{ 이 책은 1분 영어 말하기를 위한 핵심 표현들을 채우는 INPUT과 이를 활용해서 실제로 말하는 연습을 하는

채워라! 아는 만큼 말할 수 있다!

1분 영어 말하기 INPUT

1분 동안 영어로 말하는 데 필요한 표현들을 총망라했습니다. 총 30일의 과정으로, 5일의 학습이 끝나면 배운 내용을 확인하는 '중간 점검'이 있습니다.

STEP 1 끊어 듣기
MP3를 들으며 영어 표현의 의미를 떠올려 봅니다.

STEP 2 의미 확인
의미를 확인합니다. (Step 1의 MP3를 들을 때 우리말을 보며 훈련하는 것도 좋습니다.)

STEP 3 끊어 말하기
청크 단위로 끊어져 총 3번 반복됩니다.
표현이 두뇌에 장착될 수 있도록 입으로 따라 하세요.

STEP 4 자연스럽게 말하기
청크를 연결해서 들려줍니다. 입으로 따라 하세요.
MP3에서 표현이 2번 반복됩니다.

STEP 5 보면서 말하기
우리말을 영어로 바꿔 말해 보세요.

STEP 6 혼자 말하기
텍스트를 보지 않고 혼자 말하세요.

	Step 1 끊어 듣기	Step 2 의미 확인	Step 3 끊어 말하기
01	spend an hour playing games	사용하다 한 시간을 게임을 하는 것에	
02	spend a lot of money shopping for clothes	사용하다 많은 돈을 옷 쇼핑하는 것에	
03	spend a little money on A	사용하다 약간의 돈을 A 위에	
04	It's a waste of time money	그것은 있다 시간 낭비인 상태에 돈	
05	talk on the phone	말하다 전화상으로	
06	make a call	만들다 한 통의 전화를	

제한시간 1분 (표현당 3초 내외)

Step 4 자연스럽게 말하기	Step 5 보면서 말하기	Step 6 혼자 말하기
spend an hour playing games	게임하는 데 한 시간을 쓰다	
spend a lot of money shopping for clothes	옷 쇼핑하는 데 돈을 많이 쓰다	
spend a little money on A	A에 돈을 약간 쓰다	
It's a waste of time. It's a waste of money.	시간 낭비이다. 돈 낭비이다.	
talk on the phone	전화 통화하다	
make a call	전화하다	

{ INPUT 주요 표현 정리 }

INPUT 파트에 나온 중요한 표현들을 해설과 함께 정리했습니다.
함께 공부하면 더욱 깊이 있는 영어 스피킹 학습이 가능합니다.

DAY 01 | 일상생활 ❶ p.24

□ **wake up** 잠이 깨다 vs **get up** 일어나다

- wake up은 잠에서 깨서 정신을 차린다는 뉘앙스로, 엄마들이 아이를 깨울 때 Wake up!(일어나렴!)이라고 말하죠.
- get up은 잠자리에서 몸을 일으킨다는 뉘앙스로, 잠자리뿐 아니라 몸을 일으키는 모든 상황에서 쓸 수 있습니다. 가령 넘어진 사람이 일어난다고 할 때도 get up을 쓰면 되죠.

□ **sleep in** 늦잠 자다

- 오늘은 좀 늦게까지 자야겠다며 작정을 하고 늦잠 자는 경우에 쓰는 표현이에요. 물론 oversleep처럼 그럴 의도는

혼자 공부하기 외로운 분들을 위한
스피킹 전문 강사의 해설 강의

경력 21년의 전문 영어 강사가 스피킹 훈련 시 유의해야 할 사항들을 하나하나 짚어 줍니다.

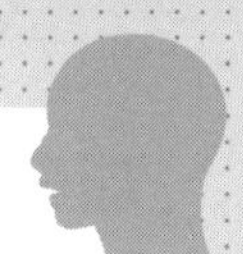

OUTPUT, 이렇게 2단계의 훈련 과정으로 구성되어 있습니다.

말하라! 이제 당신은 네이티브처럼 말하게 된다!

1분 영어 말하기 OUTPUT

INPUT에서 익힌 표현들을 서로 연결하고 응용하여 1분 동안 영어로 말하는 훈련을 합니다. 단계별로 차근차근 따라 해주세요.

STEP 1 우리말 보면서 듣기

처음에는 부담 없이 우리말을 보면서 해당하는 영어 표현을 듣습니다.

STEP 2 한 문장씩 끊어 말하기

한 문장씩 끊어서 말해 봅니다. MP3를 듣고 따라 하다가 익숙해지면 STEP 1을 영어로 말해 봅니다.

STEP 3 들으면서 따라 말하기

MP3를 들으면서 따라 말해 봅니다. 빈칸을 채워 가면서 내가 말한 내용을 확인합니다.

STEP 4 1분 동안 영어로 말하기

우리말을 보면서 영어로 바꿔 말해 봅니다. 직접 써 보면 더 오래 기억에 남습니다.

{ OUTPUT 스크립트와 표현 정리 }

OUTPUT 파트에 나온 스크립트와 표현 해설을 정리했습니다.
STEP 3 빈칸에 들어갈 표현들은 스크립트에 밑줄로 표시했습니다.

이 책에 나오는 모든 예문들은 MP3파일과 QR코드를 통해 확인할 수 있습니다.

콕 찍기만 해도, 그냥 듣기만 해도 자동으로 외워지는

스피킹 훈련용 MP3 파일

차례 : Contents

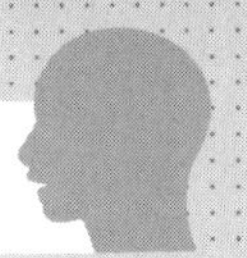

OUTPUT

1분 영어 말하기
SPEAKING MATRIX

우리는 영어를 잘하고 싶어 합니다. 네이티브처럼 막힘없이 길고 유창하게 말이죠. 어떤 상황에서 어떤 화제가 주어져도 쫄지 않고 영어로 말하는 내 모습은 상상만 해도 멋집니다. 하지만 현실은… 입도 떼기 어렵죠?

걱정 마세요. 이 책의 제목이 바로 『1분 영어 말하기』입니다. "고작 1분?"이라고요? 1분이면 하고 싶은 말을 일목요연하게 정리해 말할 수 있는 꽤 긴 시간입니다. 막상 말해 보라고 하면 영어로 1분 이상 말할 수 있는 사람은 얼마 되지 않습니다.

이 책에 우리가 일상에서, 비즈니스에서 가장 많이 말하게 되는 영어 표현들을 뽑아 외울 때까지 연습시키고 표현들을 섞어 다양하게 말해 보는 훈련법을 제시했습니다. 단순해 보이지만 스피킹에서 가장 효과 만점인 훈련법이지요. 이렇게 하면, 하고 싶은 말을 아주 길 ~고 유창하게 할 수 있게 된답니다.

그래서 이 책의 훈련을 마치고 나면 지금 아는 쉬운 문장으로 1분 동안 하고 싶은 말을 영어로 할 수 있습니다.

이 책은 진지합니다.

어쩌면 조금 힘들지도 모릅니다.

하지만 확실한 실력 향상을 약속합니다.

영어를 할 때 꼭 말하게 되는 표현들을

머릿속에 확실히 탑재시켜주고

문장을 섞어서 자유자재로 요리하게 하며

앞뒤로 붙여 길게 말할 수 있는

놀라운 능력을 갖게 해줍니다.

그래서 여러분은 단 3개월이면,

지금 아는 쉬운 표현들을 가지고

1분, 2분, 3분 동안 네이티브처럼

하고 싶은 말을 마음껏 할 수 있게 됩니다.

평소 기초가 약하다고 생각하시는 분들, 매번 작심삼일로 끝나는 분들도 절대 부작용 없이 사용하실 수 있습니다.

1분
영어 말하기
INPUT

채워라!

아는 만큼 말할 수 있다!

여기에는 우리가 1분 동안 영어로 말하기 위해 반드시 알아야 할 모든 핵심 표현들이 정리되어 있습니다. 워낙 기본적이고 쉬운 표현들만 모았기에 '에이, 이건 아는 거잖아~'라고 생각할 수도 있어요. 하지만 필요한 상황에서 0.1초 안에 입에서 나오지 않는다면 그건 아직 여러분의 것이 아닙니다. 그리고 여기 나오는 표현들은 우리가 일상이나 비즈니스 영어는 물론 스피킹 시험에서도 반복해서 말하게 되는 빈출 표현들이니 단 하나도 놓치면 안 됩니다. 딱 30일만 이 책에 있는 대로 훈련해 보세요. 영어 말하기의 신세계가 열릴 것을 약속합니다.

DAY 01

1분 영어 말하기 표현

일상생활 ❶

In 01.mp3

	Step 1 끊어 듣기	Step 2 의미 확인	Step 3 끊어 말하기
01	wake up	잠이 깨다	
02	get up	일어나다	
03	sleep in	늦잠 자다	
04	wash my face	씻다 내 얼굴을	
05	brush my teeth	솔질하다 내 이들을	
06	leave my house	떠나다 내 집을	
07	get back home	돌아오다 집에	
08	go to work	가다 직장으로	
09	leave the office	떠나다 (내가 있는) 그 사무실을	
10	watch TV alone	보다 TV를 혼자	

훈련한 날짜 . .

소요시간 분

강의 및 훈련 MP3

제한시간 1분 (표현당 3초 내외)

Step 4 자연스럽게 말하기	Step 5 보면서 말하기	Step 6 혼자 말하기
wake up	잠이 깨다	
get up	일어나다	
sleep in	늦잠 자다	
wash my face	세수하다	
brush my teeth	양치질하다	
leave my house	집을 나서다	
get back home	집에 돌아오다	
go to work	출근하다	
leave the office	퇴근하다	
watch TV alone	TV를 혼자 보다	

	Step 1 끊어 듣기	Step 2 의미 확인	Step 3 끊어 말하기
11	go to the park with my family	가다 그 공원으로 가족과 함께	
12	chat with my friends online	수다 떨다 내 친구들과 온라인으로	
13	get some rest	얻다 약간의 휴식을	
14	have a drink	가지다 하나의 술을	
15	go for a walk	가다 하나의 걷기를 위해	
16	drink coffee at a coffee shop	마시다 커피를 하나의 커피숍에서	
17	watch a movie	보다 하나의 영화를	
18	read a book	읽다 하나의 책을	
19	take a shower	취하다 하나의 샤워를	
20	go to bed	가다 침대로	

Step 4 자연스럽게 말하기	Step 5 보면서 말하기	Step 6 혼자 말하기
go to the park with my family	가족과 함께 공원에 가다	
chat with my friends online	친구들과 온라인 채팅하다	
get some rest	휴식을 취하다	
have a drink	(술) 한잔하다	
go for a walk	산책 나가다	
drink coffee at a coffee shop	커피숍에서 커피를 마시다	
watch a movie	영화 보다	
read a book	책 읽다	
take a shower	샤워하다	
go to bed	잠자리에 들다	

DAY 02

1분 영어 말하기 표현

일상생활 ❷

In 02.mp3

	Step 1 끊어 듣기	Step 2 의미 확인	Step 3 끊어 말하기
01	spend an hour playing games	사용하다 한 시간을 게임을 하는 것에	
02	spend a lot of money shopping for clothes	사용하다 많은 돈을 옷 쇼핑하는 것에	
03	spend a little money on A	사용하다 약간의 돈을 A 위에	
04	It's a waste of time money	그것은 있다 시간 낭비인 상태에 돈	
05	talk on the phone	말하다 전화상으로	
06	make a call	만들다 한 통의 전화를	
07	send a text message	보내다 문자 메시지를	
08	leave a message	남겨두다 하나의 메시지를	
09	return a call	돌려주다 한 통의 전화를	
10	watch TV on my phone	보다 TV를 내 휴대전화상으로	

훈련한 날짜 . .

소요시간 분

강의 및 훈련 MP3

제한시간 1분 (표현당 3초 내외)

Step 4 자연스럽게 말하기	Step 5 보면서 말하기	Step 6 혼자 말하기
spend an hour playing games	게임하는 데 한 시간을 쓰다	
spend a lot of money shopping for clothes	옷 쇼핑하는 데 돈을 많이 쓰다	
spend a little money on A	A에 돈을 약간 쓰다	
It's a waste of time. It's a waste of money.	시간 낭비이다. 돈 낭비이다.	
talk on the phone	전화 통화하다	
make a call	전화하다	
send a text message	문자 메시지를 보내다	
leave a message	메시지를 남기다	
return a call	(부재중 전화가 와 있을 때) 전화를 다시 걸다	
watch TV on my phone	휴대전화로 TV 보다	

	Step 1 끊어 듣기	Step 2 의미 확인	Step 3 끊어 말하기
11	listen to music on my phone	듣다 음악 쪽을 내 휴대전화상에서	
12	check my email on my phone	확인하다 내 이메일을 내 휴대전화상에서	
13	pick a book	고르다 하나의 책을	
14	wait in line	기다리다 줄 안에서	
15	pay for the item	지불하다 그 물품에 대해	
16	return the item	돌려주다 그 물품을	
17	exchange the item	교환하다 그 물품을	
18	get a refund	얻다 하나의 환불을	
19	turn on the TV	켜다 그 TV를	
20	turn off the TV	끄다 그 TV를	

Step 4 자연스럽게 말하기	Step 5 보면서 말하기	Step 6 혼자 말하기
listen to music on my phone	휴대전화로 음악을 듣다	
check my email on my phone	휴대전화로 이메일을 확인하다	
pick a book	책을 고르다	
wait in line	줄 서서 기다리다	
pay for the item	물품 가격을 지불하다	
return the item	반품하다	
exchange the item	물품을 교환하다	
get a refund	환불받다	
turn on the TV	TV를 켜다	
turn off the TV	TV를 끄다	

DAY 03

1분 영어 말하기 표현

~하러 가다 (활동)

In 03.mp3

	Step 1 끊어 듣기	Step 2 의미 확인	Step 3 끊어 말하기
01	**go** **shopping**	가다 쇼핑하기를	
02	**go** **jogging**	가다 조깅하기를	
03	**go** **walking**	가다 걷기를	
04	**go** **bowling**	가다 볼링 치기를	
05	**go** **skiing**	가다 스키 타기를	
06	**go** **snowboarding**	가다 스노보드 타기를	
07	**go** **swimming**	가다 수영하기를	
08	**go** **hiking**	가다 등산하기를	
09	**go** **fishing**	가다 낚시하기를	
10	**go** **clubbing**	가다 나이트클럽에서 춤추기를	

훈련한 날짜 . .

소요시간 분

강의 및 훈련 MP3

제한시간 1분 (표현당 3초 내외)

Step 4 자연스럽게 말하기	Step 5 보면서 말하기	Step 6 혼자 말하기
go shopping	쇼핑하러 가다	
go jogging	조깅하러 가다	
go walking	산책하러 가다	
go bowling	볼링 치러 가다	
go skiing	스키 타러 가다	
go snowboarding	스노보드 타러 가다	
go swimming	수영하러 가다	
go hiking	등산하러 가다	
go fishing	낚시하러 가다	
go clubbing	나이트클럽에 가다	

	Step 1 끊어 듣기	Step 2 의미 확인	Step 3 끊어 말하기
11	**go** **to see a movie**	가다 하나의 영화를 보러	
12	**go** **to concerts**	가다 콘서트들에	
13	**go** **to a department store**	가다 하나의 백화점에	
14	**go** **to a party**	가다 하나의 파티에	
15	**go** **to a play**	가다 하나의 연극에	
16	**go** **to the beach**	가다 그 해변에	
17	**go** **to a public bath**	가다 하나의 대중목욕탕에	
18	**go** **to a library**	가다 하나의 도서관에	
19	**go** **to the gym**	가다 그 헬스장에	
20	**go** **to see a doctor**	가다 의사를 보러	

Step 4 자연스럽게 말하기	Step 5 보면서 말하기	Step 6 혼자 말하기
go to see a movie	영화 보러 가다	
go to concerts	콘서트에 가다	
go to a department store	백화점에 가다	
go to a party	파티에 가다	
go to a play	연극 보러 가다	
go to the beach	해변에 가다	
go to a public bath	대중목욕탕에 가다	
go to a library	도서관에 가다	
go to the gym	헬스장에 가다	
go to see a doctor	병원에 가다	

DAY 04

1분 영어 말하기 표현

~일 때 • ~할 때 (현재)

In 04.mp3

	Step 1 끊어 듣기	Step 2 의미 확인	Step 3 끊어 말하기
01	**When** **I'm** down	언제냐면 내가 있을 때 다운된 상태에	
02	**When** **I'm** stressed out	언제냐면 내가 있을 때 스트레스 받은 상태에	
03	**When** **I'm** tired	언제냐면 내가 있을 때 피곤한 상태에	
04	**When** **I'm** bored	언제냐면 내가 있을 때 지루한 상태에	
05	**When** **I'm** sleepy	언제냐면 내가 있을 때 졸린 상태에	
06	**When** **I'm** nervous	언제냐면 내가 있을 때 초조한 상태에	
07	**When** **I'm** alone	언제냐면 내가 있을 때 혼자인 상태에	
08	**When** **I'm** depressed	언제냐면 내가 있을 때 우울한 상태에	
09	**When** **I'm** embarrassed	언제냐면 내가 있을 때 당황하고 창피한 상태에	
10	**When** **I'm** upset	언제냐면 내가 있을 때 화난 상태에	

훈련한 날짜 . .

소요시간 분

강의 및 훈련 MP3

제한시간 1분 (표현당 3초 내외)

Step 4 자연스럽게 말하기	Step 5 보면서 말하기	Step 6 혼자 말하기
When I'm down	다운될 때	🔈
When I'm stressed out	스트레스 받을 때	🔈
When I'm tired	피곤할 때	🔈
When I'm bored	지루할 때	🔈
When I'm sleepy	졸릴 때	🔈
When I'm nervous	초조할 때	🔈
When I'm alone	혼자일 때	🔈
When I'm depressed	우울할 때	🔈
When I'm embarrassed	당황하고 창피할 때	🔈
When I'm upset	화날 때	🔈

	Step 1 끊어 듣기	Step 2 의미 확인	Step 3 끊어 말하기
11	**When** I get together with friends	언제냐면 내가 만날 때 친구들과	
12	**When** I have time	언제냐면 내가 갖고 있을 때 시간을	
13	**When** I have money	언제냐면 내가 갖고 있을 때 돈을	
14	**When** I want to eat out	언제냐면 내가 원할 때 외식하는 것을	
15	**When** I talk on the phone	언제냐면 내가 말할 때 전화상에서	
16	**When** I travel	언제냐면 내가 여행할 때	
17	**When** I go to the beach	언제냐면 내가 갈 때 그 해변으로	
18	**When** I take the elevator	언제냐면 내가 탈 때 그 엘리베이터를	
19	**When** I shop with my mom	언제냐면 내가 쇼핑할 때 우리 엄마와	
20	**When** I need money	언제냐면 내가 필요로 할 때 돈을	

Step 4 자연스럽게 말하기	Step 5 보면서 말하기	Step 6 혼자 말하기
When I get together with friends	친구들과 만날 때	
When I have time	시간 있을 때	
When I have money	돈이 있을 때	
When I want to eat out	외식하고 싶을 때	
When I talk on the phone	통화할 때	
When I travel	여행할 때	
When I go to the beach	해변에 갈 때	
When I take the elevator	엘리베이터를 탈 때	
When I shop with my mom	엄마와 쇼핑할 때	
When I need money	돈이 필요할 때	

DAY 05

1분 영어 말하기 표현

시간 표현 ❶

In 05.mp3

	Step 1 끊어 듣기	Step 2 의미 확인	Step 3 끊어 말하기
01	I jog in the morning	나는 조깅한다 아침에	
02	I jog in the afternoon	나는 조깅한다 오후에	
03	I walk my dog in the evening	나는 걷게 한다 나의 강아지를 저녁에	
04	I exercise at night	나는 운동한다 밤에	
05	I go to the gym early in the morning	나는 간다 그 헬스장에 일찍 아침에	
06	I come home late at night	나는 온다 집에 늦게 밤에	
07	I have lunch at noon	나는 먹는다 점심을 정오에	
08	I go to bed at midnight	나는 간다 침대로 자정에	

훈련한 날짜 . .

소요시간 분

강의 및 훈련 MP3

제한시간 1분 (표현당 3초 내외)

Step 4 자연스럽게 말하기	Step 5 보면서 말하기	Step 6 혼자 말하기
I jog **in the morning.**	아침에 조깅한다.	
I jog **in the afternoon.**	오후에 조깅한다.	
I walk my dog **in the evening.**	저녁에 개를 산책시킨다.	
I exercise **at night.**	밤에 운동한다.	
I go to the gym **early in the morning.**	아침 일찍 헬스장에 간다.	
I come home **late at night.**	밤늦게 집에 온다.	
I have lunch **at noon.**	정오에 점심 먹는다.	
I go to bed **at midnight.**	자정에 잠자리에 든다.	

	Step 1 끊어 듣기	Step 2 의미 확인	Step 3 끊어 말하기
09	I go swimming **on weekends**	나는 간다 수영하기를 주말이면	
10	I am tired **during the week**	나는 피곤하다 주중에는	
11	I go to see a movie **during the holidays**	나는 간다 하나의 영화를 보러 휴일들 동안에	
12	I brush my teeth **after breakfast**	나는 솔질한다 나의 이들을 아침식사 후에	
13	I drink coffee **after lunch**	나는 마신다 커피를 점심식사 후에	
14	I go bowling **after dinner**	나는 간다 볼링 치기를 저녁식사 후에	
15	I study with friends **after school**	나는 공부한다 친구들과 방과 후에	
16	I go to a department store **after work**	나는 간다 하나의 백화점에 퇴근 후에	
17	I take a shower **after exercising**	나는 취한다 샤워를 운동하기 후에	

Step 4 자연스럽게 말하기	Step 5 보면서 말하기	Step 6 혼자 말하기
I go swimming **on weekends.**	주말이면 수영하러 간다.	
I am tired **during the week.**	주중에는 피곤하다.	
I go to see a movie **during the holidays.**	휴일 중에는 영화 보러 간다.	
I brush my teeth **after breakfast.**	아침 먹고 양치질한다.	
I drink coffee **after lunch.**	점심 먹고 커피를 마신다.	
I go bowling **after dinner.**	저녁 먹고 볼링 치러 간다.	
I study with friends **after school.**	방과 후에 친구들과 공부한다.	
I go to a department store **after work.**	퇴근 후에 백화점에 간다.	
I take a shower **after exercising.**	운동 후에 샤워한다.	

DAY 06

1분 영어 말하기 표현

중간 점검 DAY 1~5

표현 섞어 말하기 배운 표현들을 서로 연결하고 섞어서 더 길게 말해 보자.

In 06.mp3

	Step 1 끊어 듣기	Step 2 끊어 말하기
Day 3+5	나는 간다 하나의 백화점에 친구들과 주말이면	I go to a department store with friends on weekends
Day 4+3	언제냐면 내가 우울할 때 나는 간다 콘서트들에	When I'm depressed I go to concerts
Day 4+3	언제냐면 내가 만날 때 친구들과 우리는 간다 그 영화들로	When I get together with friends we go to the movies
Day 4+1	언제냐면 내가 도착할 때 집에 나는 본다 TV를 혼자	When I get home I watch TV alone
Day 4+5	언제냐면 내가 스트레스를 받을 때 나는 간다 그 헬스장에 아침 일찍	When I'm stressed out I go to the gym early in the morning
Day 4+2	언제냐면 내가 지루할 때 나는 본다 TV를 내 휴대전화상에서	When I'm bored I watch TV on my phone
Day 4+2	언제냐면 내가 화날 때 나는 사용한다 한 시간을 게임을 하는 것에	When I'm angry I spend an hour playing games

훈련한 날짜 . .

소요시간 분

훈련 MP3

제한시간 1분 (표현당 3초 내외)

Step 3 자연스럽게 말하기	Step 4 보면서 말하기
I go to a department store with friends on weekends.	주말이면 난 친구들과 백화점에 간다.
When I'm depressed, I go to concerts.	우울할 때면 난 콘서트에 간다.
When I get together with friends, we go to the movies.	친구들과 만나면, 우린 영화를 보러 간다.
When I get home, I watch TV alone.	집에 오면 난 혼자서 TV를 본다.
When I'm stressed out, I go to the gym early in the morning.	스트레스 받을 때는 난 아침에 일찍 헬스장에 간다.
When I'm bored, I watch TV on my phone.	지루할 때는 내 휴대전화로 TV를 본다.
When I'm angry, I spend an hour playing games.	화가 나면 난 게임을 하면서 한 시간을 보낸다.

	Step 1 끊어 듣기	Step 2 끊어 말하기
Day 5+2	뭐 이후냐면 고르기 이후 하나의 책을 나는 지불한다 그것에 대해	After picking a book I pay for it
Day 4+3	언제냐면 내가 다운될 때 나는 간다 하나의 대중목욕탕에	When I'm down I go to a public bath
Day 4+2	언제냐면 내가 갖고 있을 때 돈을 나는 사용한다 많이 옷들에 대해 쇼핑하는 것에	When I have money I spend a lot shopping for clothes
Day 4+2	언제냐면 내가 원할 때 외식하는 것을 나는 보낸다 하나의 문자 메시지를 그에게	When I want to eat out I send a text message to him
Day 4+3	언제냐면 내가 갖고 있을 때 시간을 나는 간다 그 헬스장에 그리고 운동한다	When I have time I go to the gym and exercise
Day 2+1	잊지 마라 끄는 것을 그 TV를 언제냐면 네가 갈 때 침대로	Don't forget to turn off the TV when you go to bed
Day 4+2	언제냐면 내가 피곤할 때 나는 듣는다 음악 쪽을 내 휴대전화상에서	When I'm tired I listen to music on my phone
Day 5+5	먹자 점심을 정오에 운동하기 이후	Let's have lunch at noon after exercising

Step 3 자연스럽게 말하기	Step 4 보면서 말하기
After picking a book, I pay for it.	책을 고르고 나서 책값을 지불한다.
When I'm down, I go to a public bath.	기분이 다운되면 난 대중목욕탕에 간다.
When I have money, I spend a lot shopping for clothes.	돈이 있으면 난 옷을 사는 데 많이 쓴다.
When I want to eat out, I send a text message to him.	외식하고 싶으면 난 그에게 문자 메시지를 보낸다.
When I have time, I go to the gym and exercise.	시간이 있으면 난 헬스장에 가서 운동한다.
Don't forget to turn off the TV when you go to bed.	잠자리에 들 때 TV 끄는 것 잊지 마라.
When I'm tired, I listen to music on my phone.	피곤하면 난 내 휴대전화로 음악을 듣는다.
Let's have lunch at noon after exercising.	운동하고서 정오에 점심 먹자.

DAY 07

1분 영어 말하기 표현

기분·상태

In 07.mp3

	Step 1 끊어 듣기	Step 2 의미 확인	Step 3 끊어 말하기
01	**I feel** comfortable	나는 느낀다 편안한 상태를	
02	**I feel** refreshed	나는 느낀다 상쾌한 상태를	
03	**I feel** good	나는 느낀다 좋은 상태를	
04	**I feel** better	나는 느낀다 더 나아진 상태를	
05	**I feel** tired	나는 느낀다 피곤한 상태를	
06	**I feel** stressed	나는 느낀다 스트레스를 받는 상태를	
07	**I feel** nervous	나는 느낀다 초조한 상태를	
08	**It makes me** **feel** comfortable	그것은 나를 만든다 느낀다는 감정을 갖게 편안한 상태를	
09	**It makes me** **feel** refreshed	그것은 나를 만든다 느낀다는 감정을 갖게 상쾌한 상태를	
10	**It makes me** **feel** bad	그것은 나를 만든다 느낀다는 감정을 갖게 나쁜 상태를	

훈련한 날짜	. .
소요시간	분

강의 및 훈련 MP3

제한시간 1분 (표현당 3초 내외)

Step 4 자연스럽게 말하기	Step 5 보면서 말하기	Step 6 혼자 말하기
I feel comfortable.	마음이 편안하다.	
I feel refreshed.	기분이 상쾌해진다.	
I feel good.	기분이 좋다.	
I feel better.	기분이 나아진다.	
I feel tired.	피곤하다.	
I feel stressed.	스트레스를 받는다.	
I feel nervous.	초조하다.	
It makes me feel comfortable.	나를 편안하게 한다.	
It makes me feel refreshed.	나를 상쾌하게 한다.	
It makes me feel bad.	나를 기분 나쁘게 한다.	

	Step 1 끊어 듣기	Step 2 의미 확인	Step 3 끊어 말하기
11	**It makes me** **feel** hungry	그것은 나를 만든다 느낀다는 감정을 갖게 배고픈 상태를	
12	**It makes me** **feel** frustrated	그것은 나를 만든다 느낀다는 감정을 갖게 짜증나는 상태를	
13	**It makes me** **feel** embarrassed	그것은 나를 만든다 느낀다는 감정을 갖게 창피한 상태를	
14	**I feel like** watching TV	나는 하고 싶은 기분이 든다 보는 것을 TV를	
15	**I feel like** cooking	나는 하고 싶은 기분이 든다 요리하는 것을	
16	**I feel like** driving	나는 하고 싶은 기분이 든다 드라이브하는 것을	
17	**I feel** **like it is expensive**	나는 느낀다 그것이 비싼 것처럼	
18	**I feel** **like I lost** the game	나는 느낀다 내가 진 것처럼 그 경기를	
19	**It feels** **like home**	그것은 느껴진다 집처럼	
20	**It feels** **like I'm** in a dream	그것은 느껴진다 내가 있는 것처럼 하나의 꿈 속에	

Step 4 자연스럽게 말하기	Step 5 보면서 말하기	Step 6 혼자 말하기
It makes me feel hungry.	나를 배고프게 한다.	
It makes me feel frustrated.	나를 짜증나게 한다.	
It makes me feel embarrassed.	나를 창피하게 한다.	
I feel like watching TV.	TV 보고 싶어진다.	
I feel like cooking.	요리하고 싶어진다.	
I feel like driving.	드라이브하고 싶어진다.	
I feel like it is expensive.	비싸다는 느낌이 든다.	
I feel like I lost the game.	내가 그 경기에 진 기분이다.	
It feels like home.	집처럼 느껴진다.	
It feels like I'm in a dream.	꿈을 꾸고 있는 것처럼 느껴진다.	

DAY 08

1분 영어 말하기 표현

상황 묘사

In 08.mp3

	Step 1 끊어 듣기	Step 2 의미 확인	Step 3 끊어 말하기
01	It's crowded quiet loud	그것은 있다 붐비는 상태에 조용한 상태에 시끄러운 상태에	
02	It's cloudy humid	날씨인 그것은 있다 흐린 상태에 습한 상태에	
03	It's bright colorful	그것은 있다 밝은 상태에 색이 화려한 상태에	
04	It's exciting interesting fun funny	그것은 있다 흥미진진한 상태에 흥미로운 상태에 재미있는 상태에 웃긴 상태에	
05	It's relaxing impressive enjoyable	그것은 있다 마음을 느긋하게 해주는 상태에 감명[인상] 깊은 상태에 재미있는 상태에	
06	It's frustrating bothering amazing	그것은 있다 짜증나게 하는 상태에 귀찮게 하는 상태에 놀라운 상태에	
07	It's simple complicated hard	그것은 있다 간단한 상태에 복잡한 상태에 힘든 상태에	
08	It's comfortable convenient helpful	그것은 있다 편안한 상태에 편리한 상태에 도움이 되는 상태에	
09	It's realistic nice meaningful	그것은 있다 현실적인 상태에 좋은 상태에 뜻 깊은 상태에	
10	It's relaxing to watch TV	그것은 있다 휴식이 되는 상태에 (그것이 뭐냐면) 보는 것 TV를	

훈련한 날짜 . .

소요시간 분

강의 및 훈련 MP3

제한시간 1분 (표현당 3초 내외)

Step 4 자연스럽게 말하기	Step 5 보면서 말하기	Step 6 혼자 말하기
It's crowded. It's quiet. It's loud.	붐빈다. 조용하다. 시끄럽다.	
It's cloudy. It's humid.	날씨가 흐리다. 날씨가 습하다.	
It's bright. It's colorful.	밝다. 색이 화려하다.	
It's exciting. It's interesting. It's fun. It's funny.	흥미진진하다. 흥미롭다. 재미있다. 웃긴다.	
It's relaxing. It's impressive. It's enjoyable.	마음을 느긋하게[편안하게] 해준다. 감명 깊다[인상적이다]. 재미있다.	
It's frustrating. It's bothering. It's amazing.	짜증난다. 귀찮다. 놀랍다.	
It's simple. It's complicated. It's hard.	간단하다. 복잡하다. 힘들다.	
It's comfortable. It's convenient. It's helpful.	편안하다. 편리하다. 도움이 된다.	
It's realistic. It's nice. It's meaningful.	현실적이다 좋다. 뜻 깊다.	
It's relaxing to watch TV.	TV를 보는 것이 휴식이 된다.	

	Step 1 끊어 듣기	Step 2 의미 확인	Step 3 끊어 말하기
11	**It's** **enjoyable** **to play** **games**	그것은 있다 즐거운 상태에 (그것이 뭐냐면) 하는 것 게임들을	
12	**It's** **nice** **to talk** **with friends**	그것은 있다 좋은 상태에 (그것이 뭐냐면) 말하는 것 친구들과	
13	**It's** **helpful** **to read** **books**	그것은 있다 도움이 되는 상태에 (그것이 뭐냐면) 읽는 것 책들을	
14	**It's** **simple** **to draw** **pictures**	그것은 있다 간단한 상태에 (그것이 뭐냐면) 그리는 것 그림들을	
15	**It's** **complicated** **to solve** **problems**	그것은 있다 복잡한 상태에 (그것이 뭐냐면) 해결하는 것 문제들을	
16	**It's** **convenient** **to buy** **tickets** **online**	그것은 있다 편리한 상태에 (그것이 뭐냐면) 사는 것 표들을 온라인으로	
17	**It's** **realistic** **to watch** **3D movies**	그것은 있다 현실감이 있는 상태에 (그것이 뭐냐면) 보는 것 3D 영화들을	
18	**It's** **fun** **to go** **to an amusement park**	그것은 있다 즐거운 상태에 (그것이 뭐냐면) 가는 것 하나의 놀이공원에	
19	**It's** **frustrating** **to wait** **in a long line**	그것은 있다 짜증나게 하는 상태에 (그것이 뭐냐면) 기다리는 것 하나의 긴 줄 안에서	
20	**It's** **meaningful** **to help** **people with a disability**	그것은 있다 뜻 깊은 상태에 (그것이 뭐냐면) 돕는 것 장애를 가진 사람들을	

Step 4 자연스럽게 말하기	Step 5 보면서 말하기	Step 6 혼자 말하기
It's enjoyable to play games.	게임을 하는 것이 즐겁다.	
It's nice to talk with friends.	친구들과 말하는 것이 좋다.	
It's helpful to read books.	책을 읽는 것이 도움이 된다.	
It's simple to draw pictures.	그림을 그리는 것은 간단하다.	
It's complicated to solve problems.	문제를 해결하는 것은 복잡하다.	
It's convenient to buy tickets online.	온라인으로 표를 사는 것이 편리하다.	
It's realistic to watch 3D movies.	3D 영화를 보는 것은 현실감 있다.	
It's fun to go to an amusement park.	놀이공원에 가는 것은 즐겁다.	
It's frustrating to wait in a long line.	줄을 길게 서서 기다리는 것은 짜증난다.	
It's meaningful to help people with a disability.	장애가 있는 사람들을 돕는 것은 뜻 깊다.	

DAY 09

1분 영어 말하기 표현

좋다·싫다

In 09.mp3

	Step 1 끊어 듣기	Step 2 의미 확인	Step 3 끊어 말하기
01	**I like** **to talk**	나는 좋아한다 말하는 것을	
02	**I don't like** **to go** **shopping**	나는 좋아하지 않는다 가는 것을 쇼핑하는 것을	
03	**I love** **to play** **soccer**	나는 무척 좋아한다 하는 것을 축구를	
04	**I don't love** **to talk**	나는 그렇게 좋아하지 않는다 말하는 것을	
05	**I hate** **it**	나는 싫어한다 그것을	
06	**I hate** **wearing** **a school uniform**	나는 싫어한다 입는 것을 교복을	
07	**I enjoy** **playing** **badminton**	나는 즐긴다 하는 것을 배드민턴을	
08	**My favorite thing to do is** **watch** **TV**	나의 가장 좋아하는 하는 것은 이다 보는 것 TV를	

훈련한 날짜 . .

소요시간 분

강의 및 훈련 MP3

제한시간 1분 (표현당 3초 내외)

Step 4 자연스럽게 말하기	Step 5 보면서 말하기	Step 6 혼자 말하기
I like to talk.	말하는 것을 좋아한다.	
I don't like to go shopping.	쇼핑하러 가는 것을 좋아하지 않는다.	
I love to play soccer.	축구하는 것을 무척 좋아한다.	
I don't love to talk.	말하는 것을 그렇게 좋아하지 않는다.	
I hate it.	그게 싫다.	
I hate wearing a school uniform.	교복 입는 것을 싫어한다.	
I enjoy playing badminton.	배드민턴 치는 것을 즐긴다.	
My favorite thing to do is watch TV.	내가 하기 가장 좋아하는 것은 TV 보기이다.	

	Step 1 끊어 듣기	Step 2 의미 확인	Step 3 끊어 말하기
09	**My least favorite thing to do is** go grocery shopping	나의 가장 싫어하는 하는 것은 이다 가는 것 장보는 것을	
10	**I prefer** watching TV	나는 더 좋아한다 보는 것을 TV를	
11	**I prefer** reading	나는 더 좋아한다 책 읽는 것을	
12	**I prefer** watching movies	나는 더 좋아한다 보는 것을 영화들을	
13	**I prefer** resting at home	나는 더 좋아한다 쉬는 것을 집에서	
14	**I prefer** eating out	나는 더 좋아한다 외식하는 것을	
15	**I prefer** playing games with others	나는 더 좋아한다 하는 것을 게임들을 다른 사람들과	

Step 4 자연스럽게 말하기	Step 5 보면서 말하기	Step 6 혼자 말하기
My least favorite thing to do is go grocery shopping.	내가 하기 가장 싫어하는 것은 장보러 가기이다.	
I prefer watching TV.	TV 보는 것을 더 좋아한다.	
I prefer reading.	책 읽는 것을 더 좋아한다.	
I prefer watching movies.	영화 보는 것을 더 좋아한다.	
I prefer resting at home.	집에서 쉬는 것을 더 좋아한다.	
I prefer eating out.	외식하는 것을 더 좋아한다.	
I prefer playing games with others.	사람들과 게임하는 것을 더 좋아한다.	

DAY 10

1분 영어 말하기 표현

하고 싶다·하기 싫다

In 10.mp3

	Step 1 끊어 듣기	Step 2 의미 확인	Step 3 끊어 말하기
01	**I want** **to go** to see a movie	나는 원한다 가는 것을 하나의 영화를 보기 위해	
02	**I want** **to enjoy** the view	나는 원한다 즐기는 것을 경치를	
03	**I want** **to talk** with you	나는 원한다 이야기하기를 너와	
04	**I want** **to drink** coffee	나는 원한다 마시는 것을 커피를	
05	**I want** **to lose** weight	나는 원한다 잃는 것을 체중을	
06	**I want** **to get** a job	나는 원한다 얻는 것을 직장을	
07	**I don't want** **to drink**	나는 원하지 않는다 술 마시는 것을	
08	**I don't want** **to lose** the game	나는 원하지 않는다 잃는 것을 그 게임을	

훈련한 날짜 . .

소요시간 분

강의 및 훈련 MP3

제한시간 1분 (표현당 3초 내외)

Step 4 자연스럽게 말하기	Step 5 보면서 말하기	Step 6 혼자 말하기
I want to go to see a movie.	영화 보러 가고 싶다.	
I want to enjoy the view.	경치를 즐기고 싶다.	
I want to talk with you.	너와 이야기를 하고 싶다.	
I want to drink coffee.	커피를 마시고 싶다.	
I want to lose weight.	살을 빼고 싶다.	
I want to get a job.	취업을 하고 싶다.	
I don't want to drink.	술 마시고 싶지 않다.	
I don't want to lose the game.	그 게임을 지고 싶지 않다.	

	Step 1 끊어 듣기	Step 2 의미 확인	Step 3 끊어 말하기
09	**I don't want** to miss the scene	나는 원하지 않는다 놓치는 것을 그 장면을	
10	**I don't want** to disappoint you	나는 원하지 않는다 실망시키는 것을 너를	
11	**I don't want** to join the club	나는 원하지 않는다 가입하는 것을 그 동호회에	
12	**I just wanted** to sleep	나는 단지 원했다 자는 것을	
13	**I just wanted** to take a walk	나는 단지 원했다 취하는 것을 하나의 걷기를	
14	**I just wanted** to learn to cook	나는 단지 원했다 배우는 것을 요리하는 것을	
15	**I just wanted** to make you happy	나는 단지 원했다 만드는 것을 너를 행복한 상태로	

Step 4 자연스럽게 말하기	Step 5 보면서 말하기	Step 6 혼자 말하기
I don't want to miss the scene.	그 장면을 놓치고 싶지 않다.	
I don't want to disappoint you.	널 실망시키고 싶지 않다.	
I don't want to join the club.	그 동호회에 가입하고 싶지 않다.	
I just wanted to sleep.	단지 자고 싶었다.	
I just wanted to take a walk.	단지 산책하고 싶었다.	
I just wanted to learn to cook.	단지 요리하는 것을 배우고 싶었다.	
I just wanted to make you happy.	단지 널 행복하게 해주고 싶었다.	

DAY 11

1분 영어 말하기 표현

만족·자신감·걱정

In 11.mp3

	Step 1 끊어 듣기	Step 2 의미 확인	Step 3 끊어 말하기
01	**I'm happy with myself**	나는 만족한다 내 자신에게	
02	**I'm happy with my job**	나는 만족한다 내 일에	
03	**I'm happy with my car**	나는 만족한다 내 차에	
04	**I'm confident with the way I act**	나는 자신이 있다 내가 행동하는 그 방식에	
05	**I'm confident with my idea**	나는 자신이 있다 내 아이디어에	
06	**I'm satisfied**	나는 만족한다	
07	**I'm satisfied with it**	나는 만족한다 그것에	
08	**I'm satisfied with the results**	나는 만족한다 그 결과들에	
09	**I'm satisfied with the present**	나는 만족한다 그 선물에	
10	**I'm satisfied with my mark**	나는 만족한다 나의 점수에	

훈련한 날짜 . .

소요시간 분

강의 및 훈련 MP3

제한시간 1분 (표현당 3초 내외)

Step 4 자연스럽게 말하기	Step 5 보면서 말하기	Step 6 혼자 말하기
I'm happy with myself.	내 자신이 마음에 든다.	
I'm happy with my job.	내 일이 마음에 든다.	
I'm happy with my car.	내 차가 마음에 든다.	
I'm confident with the way I act.	내 행동 방식에 자신이 있다.	
I'm confident with my idea.	내 아이디어에 자신이 있다.	
I'm satisfied.	만족한다.	
I'm satisfied with it.	그것에 만족한다.	
I'm satisfied with the results.	결과에 만족한다.	
I'm satisfied with the present.	선물에 만족한다.	
I'm satisfied with my mark.	내 점수에 만족한다.	

	Step 1. 끊어 듣기	Step 2 의미 확인	Step 3 끊어 말하기
11	**I'm satisfied with my weight**	나는 만족한다 내 몸무게에	
12	**I worry about it**	나는 걱정한다 그것에 대해	
13	**I worry about losing money**	나는 걱정한다 잃는 것에 대해 돈을	
14	**I worry about failing the exam**	나는 걱정한다 떨어지는 것에 대해 그 시험을	
15	**I worry about being late**	나는 걱정한다 있는 것에 대해 늦는 상태에	
16	**I worry about gaining weight**	나는 걱정한다 얻는 것에 대해 체중을	
17	**You don't have to worry about losing money**	넌 걱정할 필요 없다 잃는 것에 대해 돈을	
18	**You don't have to worry about failing the exam**	넌 걱정할 필요 없다 떨어지는 것에 대해 그 시험을	
19	**You don't have to worry about being late**	넌 걱정할 필요 없다 있는 것에 대해 늦는 상태에	
20	**You don't have to worry about gaining weight**	넌 걱정할 필요 없다 얻는 것에 대해 체중을	

Step 4 자연스럽게 말하기	Step 5 보면서 말하기	Step 6 혼자 말하기
I'm satisfied with my weight.	내 몸무게에 만족한다.	
I worry about it.	그것이 걱정이다.	
I worry about losing money.	돈을 잃을까 봐 걱정이다.	
I worry about failing the exam.	시험에 떨어질까 봐 걱정이다.	
I worry about being late.	늦을까 봐 걱정이다.	
I worry about gaining weight.	살이 찔까 봐 걱정이다.	
You don't have to worry about losing money.	넌 돈을 잃을까 봐 걱정할 필요 없다.	
You don't have to worry about failing the exam.	넌 시험에 떨어질까 봐 걱정할 필요 없다.	
You don't have to worry about being late.	넌 늦을까 봐 걱정할 필요 없다.	
You don't have to worry about gaining weight.	넌 살이 찔까 봐 걱정할 필요 없다.	

DAY 12

1분 영어 말하기 표현

중간 점검 DAY 7~11

표현 섞어 말하기

배운 표현들을 서로 연결하고 섞어서 더 길게 말해 보자.

In 12.mp3

	Step 1 끊어 듣기	Step 2 끊어 말하기
Day 9+8	나는 아주 좋아한다 말하는 것을 그것은 있다 마음을 편안하게 해주는 상태에	I love to talk It's relaxing
Day 8+7	언제냐면 날씨가 흐릴 때 난 하고 싶은 기분이 든다 드라이브하는 것을	When it's cloudy I feel like driving
Day 7+10	언제냐면 내가 느낄 때 스트레스 받는 상태를 나는 원한다 가는 것을 하나의 영화를 보기 위해	When I feel stressed I want to go to see a movie
Day 9+7	나의 가장 좋아하는 하는 것은 이다 요리하는 것 그것은 나를 만든다 느낀다는 감정을 갖게 편안한 상태를	My favorite thing to do is cook It makes me feel comfortable
Day 8+9	그것은 있다 짜증나게 하는 상태에 (그것이 뭐냐면) 기다리는 것 하나의 긴 줄 안에서 나는 싫어한다 그것을	It's frustrating to wait in a long line I hate it
Day 9+7	나의 가장 싫어하는 하는 것은 이다 가는 것 장보는 것을 주말이면 그것은 나를 만든다 느낀다는 감정을 갖게 짜증난 상태를	My least favorite thing to do is go grocery shopping on weekends It makes me feel frustrated
Day 8+11	그것은 있다 좋은 상태에 (그게 뭐냐면) 가지는 것 하나의 직장을 나는 만족한다 나의 일에	It is nice to have a job I'm happy with my job

훈련한 날짜 . .

소요시간 분

훈련 MP3

제한시간 1분 (표현당 3초 내외)

Step 3 자연스럽게 말하기	Step 4 보면서 말하기
I love to talk. It's relaxing.	난 말하는 것을 아주 좋아한다. 마음이 편안해진다.
When it's cloudy, I feel like driving.	날씨가 흐리면 난 드라이브하고 싶어진다.
When I feel stressed, I want to go to see a movie.	스트레스를 받을 때 난 영화를 보러 가고 싶다.
My favorite thing to do is cook. It makes me feel comfortable.	내가 하기 가장 좋아하는 것은 요리다. 날 편안하게 해준다.
It's frustrating to wait in a long line. I hate it.	줄을 길게 서서 기다리는 것은 짜증난다. 그게 싫다.
My least favorite thing to do is go grocery shopping on weekends. It makes me feel frustrated.	내가 하기 가장 싫어하는 것은 주말에 장보러 가기이다. 날 짜증나게 만든다.
It is nice to have a job. I'm happy with my job.	직장이 있다는 것은 좋은 일이다. 난 내 일이 마음에 든다.

	Step 1 끊어 듣기	Step 2 끊어 말하기
Day 11+10	난 만족하지 않는다 내 체중에 난 원한다 체중을 잃기를	I'm not satisfied with my weight I want to lose weight
Day 7+9	언제냐면 내가 느낄 때 피곤한 상태를 난 좋아한다 커피를 마시는 것을	When I feel tired I like drinking coffee
Day 9+8	난 더 좋아한다 쉬는 것을 집에서 그것은 있다 편안한 상태에	I prefer resting at home It's comfortable
Day 7+10	언제냐면 내가 느낄 때 초조한 상태를 난 원하지 않는다 술을 마시는 것을	When I feel nervous I don't want to drink
Day 10+9	난 원하지 않는다 너를 실망시키는 것을 하지만 난 더 좋아한다 게임들을 하는 것을 다른 사람들과	I don't want to disappoint you but I prefer playing games with others
Day 7+10	언제냐면 내가 느낄 때 나쁜 상태를 난 원한다 이야기하기를 나의 제일 친한 친구와	When I feel bad I want to talk with my best friend
Day 10+8	난 원한다 도와주기를 장애를 가진 사람들을 그것은 있다 뜻 깊은 상태에	I want to help people with a disability It's meaningful
Day 10+7	난 원한다 기분이 나아지는 것을	I want to feel better

Step 3 자연스럽게 말하기	Step 4 보면서 말하기
I'm not satisfied with my weight. I want to lose weight.	난 내 몸무게에 만족하지 않는다. 살을 빼고 싶다.
When I feel tired, I like drinking coffee.	난 피곤할 때 커피 마시는 것을 좋아한다.
I prefer resting at home. It's comfortable.	난 집에서 쉬는 것을 더 좋아한다. 편안하다.
When I feel nervous, I don't want to drink.	초조할 때는 술을 마시고 싶지 않다.
I don't want to disappoint you but I prefer playing games with others.	널 실망시키고 싶지 않지만 난 사람들이랑 게임하는 것이 더 좋다.
When I feel bad, I want to talk with my best friend.	기분이 안 좋으면 난 내 베프와 이야기를 하고 싶다.
I want to help people with a disability. It's meaningful.	장애가 있는 사람들을 돕고 싶다. 뜻 깊은 일이다.
I want to feel better.	기분이 나아지고 싶다.

DAY 13

1분 영어 말하기 표현

I can't 필수 패턴

In 13.mp3

	Step 1 끊어 듣기	Step 2 의미 확인	Step 3 끊어 말하기
01	**I can't wait** **to go** to the concert	난 못 기다리겠다 가는 것을 그 콘서트에	
02	**I can't wait** **to meet** you	난 못 기다리겠다 만나는 것을 너를	
03	**I can't wait** **to read** the book	난 못 기다리겠다 읽는 것을 그 책을	
04	**I can't wait** **to go** on vacation	난 못 기다리겠다 가는 것을 휴가 위에	
05	**I can't afford** **to buy** a new car	난 할 여유가 없다 (뭐 할 여유가 없냐면) 사는 것을 새 차를	
06	**I can't afford** **to get** an MBA	난 할 여유가 없다 (뭐 할 여유가 없냐면) 받는 것을 MBA를	
07	**I can't afford** **to live** in Seoul	난 할 여유가 없다 (뭐 할 여유가 없냐면) 사는 것을 서울에서	
08	**I can't afford** **to stay** at the hotel	난 할 여유가 없다 (뭐 할 여유가 없냐면) 묵는 것을 그 호텔에서	
09	**I can't believe** it's true	난 믿을 수 없다 그게 사실이라는 것을	
10	**I can't believe** he lied	난 믿을 수 없다 그가 거짓말을 했다는 것을	

훈련한 날짜 . .

소요시간 분

강의 및 훈련 MP3

제한시간 1분 (표현당 3초 내외)

Step 4 자연스럽게 말하기	Step 5 보면서 말하기	Step 6 혼자 말하기
I can't wait to go to the concert.	빨리 그 콘서트에 가고 싶다.	
I can't wait to meet you.	빨리 너를 만나고 싶다.	
I can't wait to read the book.	빨리 그 책을 읽고 싶다.	
I can't wait to go on vacation.	빨리 휴가 가고 싶다.	
I can't afford to buy a new car.	새 차를 살 형편이 안 된다.	
I can't afford to get an MBA.	MBA 과정을 할 형편이 안 된다.	
I can't afford to live in Seoul.	서울에서 살 형편이 안 된다.	
I can't afford to stay at the hotel.	그 호텔에서 묵을 형편이 안 된다.	
I can't believe it's true.	그게 사실이라니 믿을 수 없다.	
I can't believe he lied.	그가 거짓말을 했다니 믿을 수 없다.	

	Step 1 끊어 듣기	Step 2 의미 확인	Step 3 끊어 말하기
11	**I can't believe** it's sold out	난 믿을 수 없다 그것이 다 팔렸다는 것을	
12	**I can't believe** she's forty	난 믿을 수 없다 그녀가 마흔이라는 것을	
13	**I can't stop** thinking about you	난 그만둘 수 없다 생각하는 것을 너에 대해	
14	**I can't stop** eating at night	난 그만둘 수 없다 먹는 것을 밤에	
15	**I can't stop** playing games	난 그만둘 수 없다 하는 것을 게임들을	
16	**I can't stop** drinking	난 그만둘 수 없다 술 마시는 것을	
17	**I can't even** cook	난 심지어 못한다 요리한다는 동작도	
18	**I can't even** talk to her	난 심지어 못한다 말한다는 동작도 그녀에게	
19	**I can't even** eat alone	난 심지어 못한다 먹는다는 동작도 혼자	
20	**I can't even** ride a bike	난 심지어 못한다 탄다는 동작도 자전거를	

Step 4 자연스럽게 말하기	Step 5 보면서 말하기	Step 6 혼자 말하기
I can't believe it's sold out.	다 팔렸다니 믿을 수 없다.	
I can't believe she's forty.	그녀가 마흔이라니 믿을 수 없다.	
I can't stop thinking about you.	네 생각하는 걸 그만둘 수가 없다.	
I can't stop eating at night.	밤에 먹는 걸 그만둘 수가 없다.	
I can't stop playing games.	게임하는 걸 그만둘 수가 없다.	
I can't stop drinking.	술 마시는 걸 그만둘 수가 없다.	
I can't even cook.	요리도 못한다.	
I can't even talk to her.	그녀에게 말도 못한다.	
I can't even eat alone.	혼자 밥도 못 먹는다.	
I can't even ride a bike.	자전거도 못 탄다.	

INPUT

DAY 14

1분 영어 말하기 표현

잘한다·못한다

In 14.mp3

	Step 1 끊어 듣기	Step 2 의미 확인	Step 3 끊어 말하기
01	**I'm good** **at texting**	난 잘한다 콕 집어 문자 메시지를 보내는 것을	
02	**I'm not good** **at texting**	난 잘하지 못한다 콕 집어 문자 메시지를 보내는 것을	
03	**I'm good** **at understanding** **difficult problems**	난 잘한다 콕 집어 이해하는 것을 어려운 문제들을	
04	**I'm good** **at choosing** **amazing movies**	난 잘한다 콕 집어 고르는 것을 진짜 좋은 영화들을	
05	**I'm good** **at riding** **a bike**	난 잘한다 콕 집어 타는 것을 자전거를	
06	**I'm good** **at taking** **pictures**	난 잘한다 콕 집어 찍는 것을 사진들을	
07	**I'm** **a good listener**	난 있다 (남의 이야기를) 잘 들어주는 사람의 지위에	
08	**I'm** **a good singer**	난 있다 노래를 잘하는 사람의 지위에	
09	**I'm** **a good dancer**	난 있다 춤을 잘 추는 사람의 지위에	
10	**I'm** **a good cook**	난 있다 요리를 잘하는 사람의 지위에	

훈련한 날짜 . .

소요시간 분

강의 및 훈련 MP3

제한시간 1분 (표현당 3초 내외)

Step 4 자연스럽게 말하기	Step 5 보면서 말하기	Step 6 혼자 말하기
I'm good at texting.	문자 메시지를 잘 보낸다.	
I'm not good at texting.	문자 메시지를 잘 못 보낸다.	
I'm good at understanding difficult problems.	어려운 문제들을 잘 이해한다.	
I'm good at choosing amazing movies.	진짜 좋은 영화를 잘 고른다.	
I'm good at riding a bike.	자전거를 잘 탄다.	
I'm good at taking pictures.	사진을 잘 찍는다.	
I'm a good listener.	(남의 이야기를) 잘 들어준다.	
I'm a good singer.	노래를 잘한다.	
I'm a good dancer.	춤을 잘 춘다.	
I'm a good cook.	요리를 잘한다.	

	Step 1 끊어 듣기	Step 2 의미 확인	Step 3 끊어 말하기
11	**I'm** **a good talker**	난 있다 말을 잘하는 사람의 지위에	
12	**I'm** **a good driver**	난 있다 운전을 잘하는 사람의 지위에	
13	**I'm too tired** **to watch a movie**	난 너무 피곤하다 영화를 보기에는	
14	**I'm too lazy** **to go jogging**	난 너무 게으르다 조깅을 하러 가기에는	
15	**I'm too full** **to eat** **that pizza**	난 너무 배부르다 먹기에는 그 피자를	
16	**I'm too old** **to go on any rides**	난 너무 나이 먹었다 어떤 놀이기구든 타기에는	
17	**I'm too fat** **to walk** **fast**	난 너무 뚱뚱하다 걷기에는 빨리	
18	**I'm too poor** **to buy** **that car**	난 너무 가난하다 사기에는 그 차를	
19	**Now** **I'm too busy** **to go on a trip**	지금은 난 너무 바쁘다 여행 가기에는	
20	**I'm too young** **to understand** **my father**	난 너무 어리다 이해하기에는 내 아버지를	

Step 4 자연스럽게 말하기	Step 5 보면서 말하기	Step 6 혼자 말하기
I'm a good talker.	말을 잘한다.	
I'm a good driver.	운전을 잘한다.	
I'm too tired **to** watch a movie.	너무 피곤해서 영화를 볼 수 없다.	
I'm too lazy **to** go jogging.	너무 게을러서 조깅하러 갈 수 없다.	
I'm too full **to** eat that pizza.	너무 배불러서 그 피자를 먹을 수 없다.	
I'm too old **to** go on any rides.	나이가 많아서 아무 놀이기구도 탈 수 없다.	
I'm too fat **to** walk fast.	너무 뚱뚱해서 빨리 걸을 수 없다.	
I'm too poor **to** buy that car.	너무 가난해서 그 차를 살 수 없다.	
Now **I'm too** busy **to** go on a trip.	지금은 너무 바빠서 여행을 갈 수 없다.	
I'm too young **to** understand my father.	너무 어려서 아버지를 이해할 수 없다.	

DAY 15

1분 영어 말하기 표현

~였을 때·~했을 때 (과거)

In 15.mp3

	Step 1 끊어 듣기	Step 2 의미 확인	Step 3 끊어 말하기
01	**When I was** a kid	내가 있었을 때 어린아이인 지위에	
02	**When I was** in elementary school	내가 있었을 때 초등학교 안에 (소속되어)	
03	**When I was** in middle school	내가 있었을 때 중학교 안에 (소속되어)	
04	**When I was** in high school	내가 있었을 때 고등학교 안에 (소속되어)	
05	**When I was** in college	내가 있었을 때 대학 안에 (소속되어)	
06	**When I was** seven	내가 있었을 때 일곱 살인 상태에	
07	**When I was** in the army	내가 있었을 때 그 군대 안에 (소속되어)	
08	**As I** got older	내가 뭐하면서냐면 나이가 들어가면서	
09	**As time** went by	시간이 어떻게 되면서냐면 흐르면서	
10	**As I** got to university	내가 뭐하면서냐면 대학에 가면서	

훈련한 날짜	. .
소요시간	분

강의 및 훈련 MP3

제한시간 1분 (표현당 3초 내외)

Step 4 자연스럽게 말하기	Step 5 보면서 말하기	Step 6 혼자 말하기
When I was a kid	어렸을 때	
When I was **in elementary school**	초등학교 다닐 때	
When I was **in middle school**	중학교 다닐 때	
When I was **in high school**	고등학교 다닐 때	
When I was in college	대학 다닐 때	
When I was seven	일곱 살 때	
When I was in the army	군대 있을 때	
As I got older	나이 들면서	
As time went by	시간이 흐르면서	
As I got to university	대학에 가면서	

	Step 1 끊어 듣기	Step 2 의미 확인	Step 3 끊어 말하기
11	**The first time** **I went** to a concert	처음 뭐 했을 때였냐면 내가 갔을 때 콘서트에	
12	**The first time** **I met** him	처음 뭐 했을 때였냐면 내가 만났을 때 그를	
13	**The first time** **I drove**	처음 뭐 했을 때였냐면 내가 운전했을 때	
14	**The first time** **I went** to work	처음 뭐 했을 때였냐면 내가 갔을 때 직장으로	
15	**The last time** **I watched** TV	마지막으로 뭐 했을 때였냐면 내가 봤을 때 TV를	
16	**The last time** **I went** to a concert	마지막으로 뭐 했을 때였냐면 내가 갔을 때 콘서트에	
17	**The last time** **I went** skiing	마지막으로 뭐 했을 때였냐면 내가 갔을 때 스키 타러	
18	**The last time** **I went** to the beach	마지막으로 뭐 했을 때였냐면 내가 갔을 때 그 해변에	
19	**The last time** **I took** a trip	마지막으로 뭐 했을 때였냐면 내가 취했을 때 여행을	
20	**The last time** **I worked out**	마지막으로 뭐 했을 때였냐면 내가 운동했을 때	

Step 4 자연스럽게 말하기	Step 5 보면서 말하기	Step 6 혼자 말하기
The first time I went to a concert	처음 콘서트에 갔을 때	
The first time I met him	처음 그를 만났을 때	
The first time I drove	처음 운전했을 때	
The first time I went to work	처음 출근했을 때	
The last time I watched TV	마지막으로 TV를 봤을 때	
The last time I went to a concert	마지막으로 콘서트에 갔을 때	
The last time I went skiing	마지막으로 스키 타러 갔을 때	
The last time I went to the beach	마지막으로 해변에 갔을 때	
The last time I took a trip	마지막으로 여행 갔을 때	
The last time I worked out	마지막으로 운동했을 때	

DAY 16

1분 영어 말하기 표현

과거 표현

In 16.mp3

	Step 1 끊어 듣기	Step 2 의미 확인	Step 3 끊어 말하기
01	**I graduated** **last year**	난 졸업했다 작년에	
02	**I quit** **my job** **last week**	난 그만두었다 내 일(직장)을 지난주에	
03	**Last weekend** **I watched** **a movie**	지난 주말에 난 봤다 영화를 한 편	
04	**Last Friday** **I finished** **my project**	지난 금요일에 난 끝냈다 나의 프로젝트를	
05	**Last month** **I got married**	지난달에 난 결혼했다	
06	**Last night** **I drank** **a lot**	지난밤에 난 술을 마셨다 많이	
07	**Last Friday evening** **I had** **a party**	지난 금요일 저녁에 난 가졌다 파티 하나를	
08	**Last Christmas** **I stayed** **home**	지난 크리스마스에 난 머물렀다 집에	

훈련한 날짜 . .

소요시간 분

강의 및 훈련 MP3

제한시간 1분 (표현당 3초 내외)

Step 4 자연스럽게 말하기	Step 5 보면서 말하기	Step 6 혼자 말하기
I graduated **last year.**	작년에 졸업했다.	
I quit my job **last week.**	지난주에 직장을 그만두었다.	
Last weekend, I watched a movie.	지난 주말에 영화를 한 편 봤다.	
Last Friday, I finished my project.	지난 금요일에 프로젝트를 끝냈다.	
Last month, I got married.	지난달에 결혼했다.	
Last night, I drank a lot.	지난밤에 술을 많이 마셨다.	
Last Friday evening, I had a party.	지난 금요일 저녁에 파티를 했다.	
Last Christmas, I stayed home.	지난 크리스마스에 집에 있었다.	

	Step 1 끊어 듣기	Step 2 의미 확인	Step 3 끊어 말하기
09	**Yesterday** I worked out	어제 난 운동했다	
10	**Two days ago** I met him at the park	이틀 전에 난 만났다 그를 그 공원에서	
11	**Two weeks ago** I started a diet	2주 전에 난 시작했다 다이어트를	
12	**A month ago** I bought a new car	한 달 전에 난 샀다 새 차를 하나	
13	**Three years ago** I joined the firm	3년 전에 난 들어갔다 그 회사에	
14	I ran across him **a couple of weeks ago**	난 우연히 만났다 그를 몇 주 전에	
15	I gave birth to my daughter **a decade ago**	난 탄생을 주었다 우리 딸에게 십년 전에	
16	**A long time ago** we broke up	오래 전에 우리는 헤어졌다.	

Step 4 자연스럽게 말하기	Step 5 보면서 말하기	Step 6 혼자 말하기
Yesterday, I worked out.	어제 운동했다.	
Two days ago, I met him at the park.	이틀 전에 그를 공원에서 만났다.	
Two weeks ago, I started a diet.	2주 전에 다이어트를 시작했다.	
A month ago, I bought a new car.	한 달 전에 차를 새로 샀다.	
Three years ago, I joined the firm.	3년 전에 그 회사에 들어갔다.	
I ran across him **a couple of weeks ago.**	몇 주 전에 그를 우연히 만났다.	
I gave birth to my daughter **a decade ago.**	십년 전에 우리 딸을 낳았다.	
A long time ago, we broke up.	우리는 오래 전에 헤어졌다.	

DAY 17

1분 영어 말하기 표현

예전에는 ~(하곤) 했다

In 17.mp3

	Step 1 끊어 듣기	Step 2 의미 확인	Step 3 끊어 말하기
01	**I used to** watch TV a lot	난 예전에는 했었다 TV 보는 것을 많이	
02	**I used to** play the piano well	난 예전에는 했었다 피아노 치는 것을 잘	
03	**I used to** live in the neighborhood	난 예전에는 했었다 사는 것을 그 동네에	
04	**I used to** jog every day	난 예전에는 했었다 조깅하는 것을 매일	
05	**I used to** ride a bike	난 예전에는 했었다 자전거를 타는 것을	
06	**I used to** go clubbing	난 예전에는 했었다 나이트클럽에 가는 것을	
07	**I used to** watch animations	난 예전에는 했었다 애니메이션을 보는 것을	
08	**I used to** come home late	난 예전에는 했었다 집에 오는 것을 늦게	

훈련한 날짜	. .
소요시간	분

강의 및 훈련 MP3

제한시간 1분 (표현당 3초 내외)

Step 4 자연스럽게 말하기	Step 5 보면서 말하기	Step 6 혼자 말하기
I used to watch TV a lot.	예전에는 TV를 많이 봤다.	🔈
I used to play the piano well.	예전에는 피아노를 잘 쳤다.	🔈
I used to live in the neighborhood.	예전에는 그 동네에 살았다.	🔈
I used to jog every day.	예전에는 매일 조깅을 했다.	🔈
I used to ride a bike.	예전에는 자전거를 타곤 했다.	🔈
I used to go clubbing.	예전에는 나이트클럽에 가곤 했다.	🔈
I used to watch animations.	예전에는 애니메이션을 봤다.	🔈
I used to come home late.	예전에는 집에 늦게 왔다.	🔈

	Step 1 끊어 듣기	Step 2 의미 확인	Step 3 끊어 말하기
09	**I used to** get upset easily	난 예전에는 했었다 화를 내는 것을 쉽게	
10	**I used to** be a member	난 예전에는 했었다 회원인 것을	
11	**I used to** take a taxi	난 예전에는 했었다 택시를 타는 것을	
12	**I used to** sleep in	난 예전에는 했었다 늦잠을 자는 것을	
13	**I used to** be late for work	난 예전에는 했었다 지각하는 것을 직장에	
14	**I used to** go to church	난 예전에는 했었다 교회에 다니는 것을	
15	**I used to** see my friends	난 예전에는 했었다 내 친구들을 보는 것을	
16	**I used to** walk in the park	난 예전에는 했었다 걷는 것을 그 공원 안에서	
17	**I used to** eat out every Sunday	난 예전에는 했었다 외식하는 것을 일요일마다	
18	**I used to** attend his concerts	난 예전에는 했었다 그의 콘서트들에 참석하는 것을	

Step 4 자연스럽게 말하기	Step 5 보면서 말하기	Step 6 혼자 말하기
I used to get upset easily.	예전에는 쉽게 화를 냈다.	
I used to be a member.	예전에는 회원이었다.	
I used to take a taxi.	예전에는 택시를 타곤 했다.	
I used to sleep in.	예전에는 늦잠을 자곤 했다.	
I used to be late for work.	예전에는 회사에 지각하곤 했다.	
I used to go to church.	예전에는 교회에 다녔다.	
I used to see my friends.	예전에는 친구들을 보곤 했다.	
I used to walk in the park.	예전에는 공원에서 산책하곤 했다.	
I used to eat out every Sunday.	예전에는 일요일마다 외식했다.	
I used to attend his concerts.	예전에는 그의 콘서트를 보곤 했다.	

DAY 18

1분 영어 말하기 표현

중간 점검 DAY 13~17

표현 섞어 말하기 배운 표현들을 서로 연결하고 섞어서 더 길게 말해 보자.

In 18.mp3

	Step 1 끊어 듣기	Step 2 끊어 말하기
Day 16+13	난 내 일을 그만뒀다 지난주에 그래서 난 할 여유가 없다 (뭐 할 여유가 없냐면) 사는 것을 새 차를 지금	I quit my job last week so I can't afford to buy a new car now
Day 15+14	내가 어렸을 때는 난 너무 어렸다 이해하기에는 내 아버지를	When I was a kid I was too young to understand my father
Day 16+16	난 졸업했다 작년에 그리고 난 결혼했다 지난달에	I graduated last year and I got married last month
Day 17+14	난 예전에는 했었다 조깅하는 것을 매일 그러나 나는 너무 게으르다 조깅하러 나가기에는 요즘은	I used to jog every day but I'm too lazy to go jogging nowadays
Day 17+14	난 예전에는 했었다 외식하는 것을 매주 일요일마다 그러나 나는 너무 가난하다 외식하기에는 지금은	I used to eat out every Sunday but I'm too poor to eat out now
Day 16+13	한 달 전에 난 샀다 새 차를 그래서 난 할 여유가 없다 묵는 것을 호텔에	A month ago I bought a new car so I can't afford to stay at a hotel
Day 17+14	난 예전에는 했었다 자전거를 타는 것을 그러나 나는 너무 바쁘다 그것을 하기에는 지금은	I used to ride a bike but I'm too busy to do that now

훈련한 날짜 . .

소요시간 분

훈련 MP3

제한시간 1분 (표현당 3초 내외)

Step 3 자연스럽게 말하기	Step 4 보면서 말하기
I quit my job last week, so I can't afford to buy a new car now.	지난주에 일을 그만둬서 지금 새 차를 살 형편이 안 된다.
When I was a kid, I was too young to understand my father.	어렸을 때는 내가 너무 어려서 아버지를 이해할 수 없었다.
I graduated last year and I got married last month.	난 작년에 졸업했고 지난달에 결혼했다.
I used to jog every day, but I'm too lazy to go jogging nowadays.	예전에는 매일 조깅했지만, 요즘은 너무 게을러서 조깅하러 나갈 수가 없다.
I used to eat out every Sunday, but I'm too poor to eat out now.	예전에는 매주 일요일마다 외식하곤 했지만 지금은 너무 가난해서 외식할 수가 없다.
A month ago, I bought a new car, so I can't afford to stay at a hotel.	한 달 전에 차를 새로 사서 호텔에 묵을 형편이 안 된다.
I used to ride a bike, but I'm too busy to do that now.	예전에는 자전거를 타곤 했지만 지금은 너무 바빠서 그럴 수가 없다.

	Step 1 끊어 듣기	Step 2 끊어 말하기
Day 16+13	2주 전에 난 시작했다 다이어트를 하지만 난 그만둘 수가 없다 먹는 것을 밤에	Two weeks ago I started a diet but I can't stop eating at night
Day 15+17	내가 있었을 때 초등학교 안에 (소속되어) 난 예전에는 했었다 교회에 다니는 것을	When I was in elementary school I used to go to church
Day 15+17	내가 있었을 때 대학 안에 (소속되어) 난 예전에는 했었다 나이트클럽에 가는 것을	When I was in college I used to go clubbing
Day 16+13	지난밤에 난 술을 마셨다 많이 나의 친구들과 난 그만둘 수가 없다 술 마시는 것을	Last night I drank a lot with my friends I can't stop drinking
Day 16+14	3년 전에 난 들어갔다 그 회사에 그리고 지금은 난 너무 바쁘다 여행 가기에는	Three years ago I joined the firm and now I'm too busy to go on a trip
Day 16+13	지난 금요일에 난 마쳤다 내 프로젝트를 난 못 기다리겠다 휴가 가는 것을	Last Friday I finished my project I can't wait to go on vacation
Day 13+13	난 그만둘 수가 없다 너에 대해 생각하는 것을 난 못 기다리겠다 널 만나는 것을	I can't stop thinking about you I can't wait to meet you
Day 14+14	난 잘한다 콕 집어 고르는 것을 진짜 좋은 영화들을 하지만 난 너무 피곤하다 영화들을 보기에는 요즘은	I'm good at choosing amazing movies but I'm too tired to watch movies these days

Step 3 자연스럽게 말하기 	Step 4 보면서 말하기
Two weeks ago, I started a diet, but I can't stop eating at night.	2주 전에 다이어트를 시작했지만 밤에 먹는 걸 그만둘 수가 없다.
When I was in elementary school, I used to go to church.	초등학교 다닐 때 난 교회에 다녔다.
When I was in college, I used to go clubbing.	대학 다닐 때 나이트클럽에 가곤 했다.
Last night, I drank a lot with my friends. I can't stop drinking.	지난밤에 친구들과 술을 많이 마셨다. 술 마시는 걸 그만둘 수가 없다.
Three years ago, I joined the firm, and now I'm too busy to go on a trip.	3년 전에 입사했고, 지금은 너무 바빠서 여행을 갈 수가 없다.
Last Friday, I finished my project. I can't wait to go on vacation.	지난 금요일에 내 프로젝트를 마쳤다. 빨리 휴가를 가고 싶다.
I can't stop thinking about you. I can't wait to meet you.	네 생각하는 걸 그만둘 수가 없다. 빨리 널 만나고 싶다.
I'm good at choosing amazing movies, but I'm too tired to watch movies these days.	나는 진짜 좋은 영화를 잘 고르지만 요즘은 너무 피곤해서 영화를 볼 수가 없다.

DAY 19

1분 영어 말하기 표현

시간 표현 ❷

In 19.mp3

	Step 1 끊어 듣기	Step 2 의미 확인	Step 3 끊어 말하기
01	It is **three** **in the afternoon**	시간인 그것은 있다 3시인 상태에 오후에	
02	It is **8:30 a.m.**	시간인 그것은 있다 오전 8시 30분인 상태에	
03	It is **8:30 p.m.**	시간인 그것은 있다 오후 8시 30분인 상태에	
04	I arrived **at six** **in the morning**	난 도착했다 콕 집어 6시에 아침에	
05	I met up with her **at 7** **in the evening**	난 그녀와 만났다 콕 집어 7시에 저녁에	
06	**It takes** time	그것은 필요로 한다 시간을	
07	**It takes** a long time	그것은 필요로 한다 하나의 오랜 시간을	
08	**It doesn't take** long	그것은 필요로 하지 않는다 (시간을) 오래	
09	**It takes** ten minutes	그것은 필요로 한다 10분을	
10	**It takes** about a week	그것은 필요로 한다 일주일 정도를	

훈련한 날짜 . .

소요시간 분

강의 및 훈련 MP3

제한시간 1분 (표현당 3초 내외)

Step 4 자연스럽게 말하기	Step 5 보면서 말하기	Step 6 혼자 말하기
It is three in the afternoon.	오후 3시다.	
It is 8:30 a.m.	오전 8시 30분이다.	
It is 8:30 p.m.	오후 8시 30분이다.	
I arrived at six in the morning.	아침 6시에 도착했다.	
I met up with her at 7 in the evening.	저녁 7시에 그녀와 만났다.	
It takes time.	시간이 걸린다.	
It takes a long time.	시간이 오래 걸린다.	
It doesn't take long.	시간이 오래 걸리지 않는다.	
It takes ten minutes.	10분 걸린다.	
It takes about a week.	일주일 정도 걸린다.	

	Step 1 끊어 듣기	Step 2 의미 확인	Step 3 끊어 말하기
11	**It takes time** **to lose weight**	그것은 시간이 걸린다 (⬅ 그것은 시간을 필요로 한다) (그것이 뭐냐면) 살을 빼는 것	
12	**It takes time** **to read a book**	그것은 시간이 걸린다 (그것이 뭐냐면) 책 한 권을 읽는 것	
13	**It takes time** **to develop a good habit**	그것은 시간이 걸린다 (그것이 뭐냐면) 좋은 습관을 들이는 것	
14	**It takes time** **to find a good job**	그것은 시간이 걸린다 (그것이 뭐냐면) 좋은 직장을 구하는 것	
15	**It takes time** **to construct a building**	그것은 시간이 걸린다 (그것이 뭐냐면) 건물을 짓는 것	
16	**I have time** **to watch TV**	난 시간이 있다 (⬅ 난 시간을 가진다) TV 볼	
17	**I don't have time** **to cook**	난 시간이 없다 요리할	
18	**I have a lot of time** **to exercise**	난 많은 시간이 있다 운동할	
19	**There isn't** **enough time** **to study**	없다 충분한 시간이 공부할	
20	**My schedule is** **tight**	내 스케줄은 있다 빽빽한 상태에	

Step 4 자연스럽게 말하기	Step 5 보면서 말하기	Step 6 혼자 말하기
It takes time to lose weight.	살을 빼는 데 시간이 걸린다.	
It takes time to read a book.	책 한 권 읽는 데 시간이 걸린다.	
It takes time to develop a good habit.	좋은 습관을 들이는 데 시간이 걸린다.	
It takes time to find a good job.	좋은 직장을 구하는 데 시간이 걸린다.	
It takes time to construct a building.	건물을 짓는 데 시간이 걸린다.	
I have time to watch TV.	TV 볼 시간이 있다.	
I don't have time to cook.	요리할 시간이 없다.	
I have a lot of time to exercise.	운동할 시간이 많이 있다.	
There isn't enough time to study.	공부할 시간이 충분치가 않다.	
My schedule is tight.	일정이 빡빡하다.	

INPUT

DAY 20

1분 영어 말하기 표현

기간·횟수

In 20.mp3

	Step 1 끊어 듣기	Step 2 의미 확인	Step 3 끊어 말하기
01	I watch TV for thirty minutes a day	난 TV를 본다 30분 동안 하루에	
02	I jog for one hour a day	난 조깅한다 한 시간 동안 하루에	
03	I write for two hours a week	난 글을 쓴다 두 시간 동안 일주일에	
04	I exercise for more than two hours a day	난 운동을 한다 두 시간 넘을 동안 하루에	
05	I read less than three hours a week	난 책을 읽는다 세 시간 안 되게 일주일에	
06	I go swimming every day	난 수영하러 간다 매일	
07	I go to the beach every month	난 해변에 간다 매달	
08	I go shopping once a week	난 쇼핑하러 간다 한 번 일주일에	
09	I wear a T-shirt all the time	난 하나의 티셔츠를 입는다 항상	
10	I go to the bookstore twice a month	난 그 서점에 간다 두 번 한 달에	

훈련한 날짜 . .

소요시간 . 분

강의 및 훈련 MP3

제한시간 1분 (표현당 3초 내외)

Step 4 자연스럽게 말하기	Step 5 보면서 말하기	Step 6 혼자 말하기
I watch TV **for thirty minutes a day.**	하루에 30분 동안 TV를 본다.	
I jog **for one hour a day.**	하루에 한 시간 동안 조깅한다.	
I write **for two hours a week.**	일주일에 두 시간 글을 쓴다.	
I exercise **for more than two hours a day.**	하루에 두 시간 넘게 운동을 한다.	
I read **less than three hours a week.**	일주일에 세 시간 안 되게 독서한다.	
I go swimming **every day.**	매일 수영하러 간다.	
I go to the beach **every month.**	매달 해변에 간다.	
I go shopping **once a week.**	일주일에 한 번 쇼핑하러 간다.	
I wear a T-shirt **all the time.**	항상 티셔츠를 입는다.	
I go to the bookstore **twice a month.**	한 달에 두 번 서점에 간다.	

	Step 1 끊어 듣기	Step 2 의미 확인	Step 3 끊어 말하기
11	I work overtime **more than twice** **a week**	난 초과근무를 한다 두 번 넘게 일주일에	
12	I go to a coffee shop **less than once** **a month**	난 커피숍에 간다 한 번 안 되게 한 달에	
13	I go clubbing **about three times** **a month**	난 나이트클럽에 간다 세 번 정도 한 달에	
14	I play soccer **on Sundays**	난 축구를 한다 일요일마다	
15	I go to a play **every other week**	난 연극 보러 간다 격주로	
16	I go to the gym **every other day**	난 그 헬스장에 간다 격일로	
17	I go to see a movie **once a year**	난 영화 보러 간다 일 년에 한 번	
18	**I often** drink coffee	난 자주 커피를 마신다	
19	**I sometimes** go hiking at a mountain	난 가끔 하이킹하러 간다 콕 집어 산에	
20	**I usually** come home late	난 보통 집에 온다 늦게	

Step 4 자연스럽게 말하기	Step 5 보면서 말하기	Step 6 혼자 말하기
I work overtime **more than twice a week.**	일주일에 두 번 넘게 초과근무를 한다.	
I go to a coffee shop **less than once a month.**	한 달에 한 번 안 되게 커피숍에 간다.	
I go clubbing **about three times a month.**	한 달에 세 번 정도 나이트클럽에 간다.	
I play soccer **on Sundays.**	일요일마다 축구한다.	
I go to a play **every other week.**	격주로 연극 보러 간다.	
I go to the gym **every other day.**	격일로 헬스장에 간다.	
I go to see a movie **once a year.**	일 년에 한 번 영화 보러 간다.	
I **often** drink coffee.	자주 커피를 마신다.	
I **sometimes** go hiking at a mountain.	가끔 산에 간다.	
I **usually** come home late.	보통 집에 늦게 온다.	

INPUT

DAY 21

1분 영어 말하기 표현

멀다·가깝다

In 21.mp3

	Step 1 끊어 듣기	Step 2 의미 확인	Step 3 끊어 말하기
01	**It's** **close**	그것은 있다 가까운 상태에	
02	**It's close** **to my house**	그것은 가깝다 내 집에	
03	**It's close** **to my place**	그것은 가깝다 나의 사는 곳에	
04	**It's close** **to my office**	그것은 가깝다 내 사무실에	
05	**It's** **far away**	그것은 있다 멀리 떨어져 있는 상태에	
06	**It's far** **from my house**	그것은 멀다 내 집으로부터	
07	**It's far** **from my office**	그것은 멀다 내 사무실로부터	
08	**It's far** **from my place**	그것은 멀다 나의 사는 곳으로부터	
09	**It takes** **30 minutes** **by bus**	그것은 걸린다 (← 그것은 필요로 한다) 30분이 (← 30분을) 버스로	

훈련한 날짜	. .
소요시간	분

강의 및 훈련 MP3

제한시간 1분 (표현당 3초 내외)

Step 4 자연스럽게 말하기	Step 5 보면서 말하기	Step 6 혼자 말하기
It's close.	가깝다.	
It's close to my house.	집과 가깝다.	
It's close to my place.	사는 곳과 가깝다.	
It's close to my office.	사무실과 가깝다.	
It's far away.	멀리 떨어져 있다.	
It's far from my house.	집에서 멀다.	
It's far from my office.	사무실에서 멀다.	
It's far from my place.	사는 곳에서 멀다.	
It takes 30 minutes by bus.	버스로 30분 걸린다.	

	Step 1 끊어 듣기	Step 2 의미 확인	Step 3 끊어 말하기
10	**It takes** **one hour** **by car**	그것은 걸린다 한 시간이 차로	
11	**It takes** **40 minutes** **by subway**	그것은 걸린다 40분이 지하철로	
12	**It takes** **12 hours** **by plane**	그것은 걸린다 12시간이 비행기로	
13	**It's** a couple of **blocks away** **from** the bookstore	그것은 있다 몇 블록 떨어져 그 서점으로부터	
14	**It's** **a 10-minute walk** **from** my office	그것은 있다 걸어서 10분 거리인 상태에 내 사무실로부터	
15	The office is **a 30-minute walk** **from** my house	그 사무실은 있다 걸어서 30분 거리인 상태에 우리 집으로부터	

Step 4 자연스럽게 말하기	Step 5 보면서 말하기	Step 6 혼자 말하기
It takes one hour **by** car.	차로 한 시간 걸린다.	
It takes 40 minutes **by** subway.	지하철로 40분 걸린다.	
It takes 12 hours **by** plane.	비행기로 12시간 걸린다.	
It's a couple of **blocks away from the** bookstore.	서점에서 몇 블록 떨어져 있다.	
It's a 10-**minute walk from** my office.	사무실에서 걸어서 10분이다.	
The office is **a** 30-**minute walk from** my house.	사무실은 집에서 걸어서 30분이다.	

DAY 22

1분 영어 말하기 표현

위치·장소

In 22.mp3

	Step 1 끊어 듣기	Step 2 의미 확인	Step 3 끊어 말하기
01	**It is** **underground**	그것은 있다 지하의 위치에	
02	**It's** **next to the library**	그것은 있다 그 도서관 옆에	
03	**It's** **between** the grocery store **and** the pharmacy	그것은 있다 그 식료품점과 그 약국 사이에	
04	**It's** **in front of the building**	그것은 있다 그 건물 앞에	
05	**It's** **behind** the park	그것은 있다 그 공원 뒤에	
06	**There's** a movie theater **across** the street	극장이 하나 있다 그 길 건너에	
07	The flower shop is just **around** the corner	꽃집은 있다 모퉁이 돌아서 바로	
08	I watch TV **at home**	난 TV를 본다 콕 집어 집에서	
09	I read **in** my room	난 독서한다 내 방 안에서	
10	I play games **at** my friend's place	난 게임을 한다 콕 집어 내 친구의 집에서	

훈련한 날짜 . .

소요시간 분

강의 및 훈련 MP3

제한시간 1분 (표현당 3초 내외)

Step 4 자연스럽게 말하기	Step 5 보면서 말하기	Step 6 혼자 말하기
It **is** underground.	지하에 있다.	
It's **next to** the library.	도서관 옆에 있다.	
It's **between** the grocery store **and** the pharmacy.	식료품점과 약국 사이에 있다.	
It's **in front of** the building.	건물 앞에 있다.	
It's **behind** the park.	공원 뒤에 있다.	
There's a movie theater **across** the street.	길 건너에 극장이 하나 있다.	
The flower shop is just **around** the corner.	꽃집은 모퉁이에 바로 있다.	
I watch TV **at** home.	집에서 TV를 본다.	
I read **in** my room.	내 방에서 독서를 한다.	
I play games **at** my friend's place.	친구 집에서 게임을 한다.	

	Step 1 끊어 듣기	Step 2 의미 확인	Step 3 끊어 말하기
11	I have dinner **at my uncle's house**	난 저녁을 먹는다 콕 집어 내 삼촌댁에서	
12	I have a drink **with my friends** **at a bar**	난 한잔한다 내 친구들과 콕 집어 하나의 바에서	
13	I send text messages **in the living room**	난 문자 메시지들을 보낸다 그 거실 안에서	
14	I chat **with my friends** **in the cafeteria**	난 수다를 떤다 내 친구들과 그 구내식당 안에서	
15	I park my car **near my house**	난 내 차를 주차한다 우리 집 근처에	
16	I jog **in the park**	난 조깅한다 그 공원 안에서	
17	I go to a coffee shop **in my neighborhood**	난 커피숍에 간다 내 동네 안에서	
18	I work out **at the gym**	난 운동한다 콕 집어 헬스장에서	
19	I go to watch movies **in the downtown area**	난 영화들을 보러 간다 시내 안에서	
20	My grandparents farm **in the country**	내 조부모님은 농사를 지으신다 시골 안에서	

Step 4 자연스럽게 말하기	Step 5 보면서 말하기	Step 6 혼자 말하기
I have dinner **at** my uncle's house.	삼촌댁에서 저녁을 먹는다.	
I have a drink with my friends **at** a bar.	바에서 친구들과 한잔한다.	
I send text messages **in** the living room.	거실에서 문자 메시지를 보낸다.	
I chat with my friends **in** the cafeteria.	구내식당에서 친구들과 수다를 떤다.	
I park my car **near** my house.	집 근처에 차를 주차한다.	
I jog **in** the park.	공원에서 조깅한다.	
I go to a coffee shop **in** my neighborhood.	동네에 있는 커피숍에 간다.	
I work out **at** the gym.	헬스장에서 운동한다.	
I go to watch movies **in** the downtown area.	시내로 영화 보러 간다.	
My grandparents farm **in** the country.	조부모님은 시골에서 농사를 지으신다.	

DAY 23

1분 영어 말하기 표현

의견·생각

In 23.mp3

	Step 1 끊어 듣기	Step 2 의미 확인	Step 3 끊어 말하기
01	**I think** **about it**	난 생각한다 그것에 대해	
02	**I think** **about my future**	난 생각한다 내 미래에 대해	
03	**I think** **about the problem**	난 생각한다 그 문제에 대해	
04	**I think** **about the offer**	난 생각한다 그 제안에 대해	
05	**I think** it's wrong	난 생각한다 그것이 틀렸다고	
06	**I think** when I have time	난 생각한다 내가 시간이 있을 때	
07	**I'm considering** changing jobs	난 생각(고려)하고 있는 중이다 일(직장)들을 바꾸는 것을	
08	**I'm considering** joining the club	난 생각하고 있는 중이다 그 동호회에 가입하는 것을	
09	**I'm considering** taking a vacation	난 생각하고 있는 중이다 휴가를 가는 것을	
10	**I'm considering** going on a trip	난 생각하고 있는 중이다 여행을 가는 것을	

훈련한 날짜 . .

소요시간 분

강의 및 훈련 MP3

제한시간 1분 (표현당 3초 내외)

Step 4 자연스럽게 말하기	Step 5 보면서 말하기	Step 6 혼자 말하기
I think about it.	그것에 대해 생각한다.	
I think about my future.	내 미래에 대해 생각한다.	
I think about the problem.	그 문제에 대해 생각한다.	
I think about the offer.	그 제안에 대해 생각한다.	
I think it's wrong.	그것이 틀렸다고 생각한다.	
I think when I have time.	시간이 있을 때 생각한다.	
I'm considering changing jobs.	직장을 바꿀까 생각 중이다.	
I'm considering joining the club.	그 동호회에 가입할까 생각 중이다.	
I'm considering taking a vacation.	휴가를 갈까 생각 중이다.	
I'm considering going on a trip.	여행을 갈까 생각 중이다.	

	Step 1 끊어 듣기	Step 2 의미 확인	Step 3 끊어 말하기
11	**I'm considering** buying a new car	난 생각하고 있는 중이다 차를 하나 새로 사는 것을	
12	**I'm considering** moving to another place	난 생각하고 있는 중이다 다른 곳으로 이사 가는 것을	
13	**I don't think** that's true	난 생각하지 않는다 그게 사실이라고	
14	**I don't think** it's worth it	난 생각하지 않는다 그게 그럴 가치가 있다고	
15	**I don't think** I can do it	난 생각하지 않는다 내가 그것을 할 수 있다고	
16	**I don't think** it works	난 생각하지 않는다 그게 효과가 있다고	
17	**I don't think** I'm ready	난 생각하지 않는다 난 준비가 되어 있다고	
18	**I don't think** I have enough time	난 생각하지 않는다 내가 충분한 시간을 갖고 있다고	
19	**I don't think** it's a good idea	난 생각하지 않는다 그게 좋은 생각이라고	
20	**I don't think** I can afford it	난 생각하지 않는다 내가 그걸 할 여유(형편)가 있다고	

Step 4 자연스럽게 말하기	Step 5 보면서 말하기	Step 6 혼자 말하기
I'm considering buying a new car.	차를 새로 살까 생각 중이다.	
I'm considering moving to another place.	다른 곳으로 이사 갈까 생각 중이다.	
I don't think that's true.	그건 사실이 아닌 것 같다.	
I don't think it's worth it.	그럴 가치가 없는 것 같다.	
I don't think I can do it.	내가 할 수 없을 것 같다.	
I don't think it works.	효과가 없는 것 같다.	
I don't think I'm ready.	난 준비가 안 된 것 같다.	
I don't think I have enough time.	내게 시간이 충분치가 않은 것 같다.	
I don't think it's a good idea.	좋은 생각이 아닌 것 같다.	
I don't think I can afford it.	그걸 할 형편이 안 되는 것 같다.	

DAY 24

1분 영어 말하기 표현

중간 점검 DAY 19~23

표현 섞어 말하기

배운 표현들을 서로 연결하고 섞어서 더 길게 말해 보자.

In 24.mp3

	Step 1 끊어 듣기	Step 2 끊어 말하기
Day 22+22	나는 조깅한다 그 공원에서 그것은 있다 우리 집 뒤에	I jog in the park It's behind my house
Day 19+23	사람들은 말한다 그것은 오래 걸리지 않는다고 그러나 난 생각한다 그들이 틀렸다고	People say that it doesn't take long but I think they're wrong
Day 22+21	난 영화들을 보러 간다 시내 안에서 그것은 있다 걸어서 10분 거리인 상태에 내 집으로부터	I go to watch movies in the downtown area It's a 10-minute walk from my house
Day 19+19	내 스케줄이 있다 빡빡한 상태에 그래서 난 시간이 없다 요리할	My schedule is tight so I don't have time to cook
Day 23+20	난 생각하고 있는 중이다 새 차를 하나 사는 것을 일 년에 한 번씩	I'm considering buying a new car once a year
Day 22+21	극장이 하나 있다 길 건너에 그것은 있다 걸어서 5분 거리인 상태에 내 사무실로부터	There's a movie theater across the street It's a 5-minute walk from my office
Day 23+22	난 생각하고 있는 중이다 운동하는 것을 헬스장에서	I'm considering working out at a gym

훈련한 날짜 . .

소요시간 분

훈련 MP3

제한시간 1분 (표현당 3초 내외)

Step 3 자연스럽게 말하기	Step 4 보면서 말하기
I jog in the park. It's behind my house.	나는 공원에서 조깅한다. 공원은 우리 집 뒤에 있다.
People say that it doesn't take long but I think they're wrong.	사람들은 오래 안 걸린다고 말하지만 그들이 틀린 것 같다.
I go to watch movies in the downtown area. It's a 10-minute walk from my house.	나는 시내로 영화를 보러 간다. 우리 집에 서 걸어서 10분이다.
My schedule is tight, so I don't have time to cook.	내 스케줄이 빡빡해서 요리할 시간이 없다.
I'm considering buying a new car once a year.	난 일 년에 한 번씩 새 차를 살까 생각 중 이다.
There's a movie theater across the street. It's a 5-minute walk from my office.	길 건너에 극장이 하나 있다. 우리 사무실 에서 걸어서 5분이다.
I'm considering working out at a gym.	난 헬스장에서 운동을 할까 생각 중이다.

	Step 1 끊어 듣기	Step 2 끊어 말하기
Day 21+21	그것은 멀지 않다 우리 집으로부터 그것은 걸린다 10분이 지하철로	It's not far from my house It takes 10 minutes by subway
Day 23+21	난 생각하지 않는다 그것은 걸린다고 30분 넘게 버스로	I don't think it takes more than 30 minutes by bus
Day 22+20	난 책을 읽는다 내 방 안에서 한 시간 동안 하루에	I read in my room for one hour a day
Day 23+20	난 생각하고 있는 중이다 영화를 하나 보러 가는 것을 매주	I'm considering going to see a movie every week
Day 22+20	난 한잔한다 내 친구들과 바에서 두 번 넘게 일주일에	I have a drink with my friends at a bar more than twice a week
Day 23+19	난 생각하지 않는다 내가 도착했다고 6시까지 아침에	I don't think I arrived by six in the morning
Day 21+19	그것은 멀리 떨어져 있다 그것은 걸린다 시간이 (그것이 뭐냐면) 거기에 도달하는 것	It's far away It takes time to get there
Day 23+21	나는 생각한다 그것이 있다고 몇 블록 떨어져 있는 상태에 그 서점으로부터	I think it's a couple of blocks away from the bookstore

Step 3 자연스럽게 말하기	Step 4 보면서 말하기
It's not far from my house. It takes 10 minutes by subway.	우리 집에서 멀지 않다. 지하철로 10분 걸린다.
I don't think it takes more than 30 minutes by bus.	버스로 30분 넘게 걸리는 것 같지는 않다.
I read in my room for one hour a day.	하루에 한 시간 내 방에서 책을 읽는다.
I'm considering going to see a movie every week.	난 매주 영화를 보러 갈까 생각 중이다.
I have a drink with my friends at a bar more than twice a week.	난 일주일에 두 번 넘게 바에서 친구들과 한잔한다.
I don't think I arrived by six in the morning.	난 아침 6시까지는 도착하지 않은 것 같다.
It's far away. It takes time to get there.	그곳은 멀리 떨어져 있다. 거기 가는 데 시간이 걸린다.
I think it's a couple of blocks away from the bookstore.	서점에서 몇 블록 떨어져 있는 것 같다.

DAY 25

1분 영어 말하기 표현

안다·모른다

In 25.mp3

	Step 1 끊어 듣기	Step 2 의미 확인	Step 3 끊어 말하기
01	**I know** how to ride a bike	난 안다 자전거 타는 법을	
02	**I know** him	난 안다 그를	
03	**I know** it's a lie	난 안다 그게 거짓말이라는 것을	
04	**I know** how long it takes	난 안다 시간이 얼마나 걸리는지	
05	**I know** she's not coming	난 안다 그녀가 오지 않을 거라는 것을	
06	**I don't know** if he's telling the truth	난 모르겠다 그가 진실을 말하고 있는지	
07	**I don't know** if the weather is any good	난 모르겠다 날씨가 조금이라도 좋은 건지	
08	**I don't know** if I can do it	난 모르겠다 내가 그걸 할 수 있을지	
09	**I don't know** if it's going to rain	난 모르겠다 비가 올지	
10	**I don't know** if you will like it	난 모르겠다 네가 그걸 좋아할지	

훈련한 날짜 . .

소요시간 분

강의 및 훈련 MP3

제한시간 1분 (표현당 3초 내외)

Step 4 자연스럽게 말하기	Step 5 보면서 말하기	Step 6 혼자 말하기
I know how to ride a bike.	자전거 타는 법을 안다.	
I know him.	그와 아는 사이이다.	
I know it's a lie.	그게 거짓말이라는 것을 안다.	
I know how long it takes.	시간이 얼마나 걸리는지 안다.	
I know she's not coming.	그녀가 오지 않을 거라는 것을 안다.	
I don't know if he's telling the truth.	그가 진실을 말하고 있는지 모르겠다.	
I don't know if the weather is any good.	날씨가 좋기나 한 건지 모르겠다.	
I don't know if I can do it.	내가 할 수 있을지 모르겠다.	
I don't know if it's going to rain.	비가 올지 모르겠다.	
I don't know if you will like it.	네가 그걸 좋아할지 모르겠다.	

	Step 1 끊어 듣기	Step 2 의미 확인	Step 3 끊어 말하기
11	**I don't know** **what to do**	난 모르겠다 뭘 해야 할지	
12	**I don't know** **where to go**	난 모르겠다 어디로 가야 할지	
13	**I don't know** **what to choose**	난 모르겠다 무엇을 골라야 할지	
14	**I don't know** **how to solve** **this problem**	난 모르겠다 어떻게 풀어야 할지 이 문제를	
15	**I don't know** **when to start**	난 모르겠다 언제 시작해야 할지	
16	**I don't know** **anything about him**	난 모르겠다 그에 대해 아무것도	
17	**I don't know** **anything about shopping**	난 모르겠다 쇼핑에 대해 아무것도	
18	**I don't know** **anything about Jamaica**	난 모르겠다 자메이카에 대해 아무것도	
19	**I don't know** **anything about cooking**	난 모르겠다 요리에 대해 아무것도	
20	**I don't know** **anything about golf**	난 모르겠다 골프에 대해 아무것도	

Step 4 자연스럽게 말하기	Step 5 보면서 말하기	Step 6 혼자 말하기
I don't know what to do.	뭘 해야 할지 모르겠다.	
I don't know where to go.	어디로 가야 할지 모르겠다.	
I don't know what to choose.	무엇을 골라야 할지 모르겠다.	
I don't know how to solve this problem.	이 문제는 어떻게 풀어야 할지 모르겠다.	
I don't know when to start.	언제 시작해야 할지 모르겠다.	
I don't know anything about him.	그에 대해 전혀 모른다.	
I don't know anything about shopping.	쇼핑에 대해 전혀 모른다.	
I don't know anything about Jamaica.	자메이카에 대해 전혀 모른다.	
I don't know anything about cooking.	요리에 대해 전혀 모른다.	
I don't know anything about golf.	골프에 대해 전혀 모른다.	

DAY 26

1분 영어 말하기 표현

~에 달려 있다

In 26.mp3

	Step 1 끊어 듣기	Step 2 의미 확인	Step 3 끊어 말하기
01	**It depends**	(상황, 기분에 따라) 그때그때 다르다 (← 그것은 (상황, 기분에) 달려 있다)	
02	**It depends** **on my mood**	그것은 달려 있다 나의 기분에	
03	**It depends** **on the schedule**	그것은 달려 있다 그 스케줄에	
04	**It depends** **on the situation**	그것은 달려 있다 그 상황에	
05	**It depends** **on the person**	그것은 달려 있다 그 사람에	
06	**It depends** **on the price**	그것은 달려 있다 그 가격에	
07	**It depends** **on the place**	그것은 달려 있다 그 장소에	
08	**It depends** **on where you are**	그것은 달려 있다 네가 어디 있는가에	
09	**It depends** **on how you do it**	그것은 달려 있다 네가 그걸 어떻게 하는가에	
10	**It depends** **on when it starts**	그것은 달려 있다 그것이 언제 시작하는가에	

훈련한 날짜 . .

소요시간 분

강의 및 훈련 MP3

제한시간 1분 (표현당 3초 내외)

Step 4 자연스럽게 말하기	Step 5 보면서 말하기	Step 6 혼자 말하기
It depends.	(상황, 기분에 따라) 그때그때 다르다.	
It depends on my mood.	기분에 따라 다르다.	
It depends on the schedule.	스케줄에 따라 다르다.	
It depends on the situation.	상황에 따라 다르다.	
It depends on the person.	사람에 따라 다르다.	
It depends on the price.	가격에 따라 다르다.	
It depends on the place.	장소에 따라 다르다.	
It depends on where you are.	네가 어디 있는가에 달려 있다.	
It depends on how you do it.	네가 그걸 어떻게 하는가에 달려 있다.	
It depends on when it starts.	그것이 언제 시작하는가에 달려 있다.	

	Step 1 끊어 듣기	Step 2 의미 확인	Step 3 끊어 말하기
11	**It depends** **on what it looks like**	그것은 달려 있다 그게 어떻게 보이는가에	
12	**It depends** **on why he lied**	그것은 달려 있다 그가 왜 거짓말했는가에	
13	**It depends** **on who I'm with**	그것은 달려 있다 내가 누구와 함께 있는가에	
14	**It depends** **on what you want**	그것은 달려 있다 네가 무엇을 원하느냐에	
15	**It depends** **on what the weather is like**	그것은 달려 있다 날씨가 어떠냐에	
16	**It depends** **on who you're talking to**	그것은 달려 있다 네가 누구에게 말하고 있는가에	
17	**It depends** **on how many people will attend**	그것은 달려 있다 얼마나 많은 사람들이 참석할지에	

Step 4 자연스럽게 말하기	Step 5 보면서 말하기	Step 6 혼자 말하기
It depends on what it looks like.	그게 어떻게 보이는가에 달려 있다.	
It depends on why he lied.	그가 왜 거짓말했는가에 달려 있다.	
It depends on who I'm with.	내가 누구와 함께 있는가에 달려 있다.	
It depends on what you want.	네가 무엇을 원하느냐에 달려 있다.	
It depends on what the weather is like.	날씨가 어떠냐에 달려 있다.	
It depends on who you're talking to.	네가 누구에게 말하고 있는가에 달려 있다.	
It depends on how many people will attend.	얼마나 많은 사람들이 참석할지에 달려 있다.	

DAY 27

1분 영어 말하기 표현

이유·목적

In 27.mp3

	Step 1 끊어 듣기	Step 2 의미 확인	Step 3 끊어 말하기
01	I like watching TV because it releases stress	난 좋아한다 TV 보는 것을 그것은 스트레스를 풀어주기 때문에	
02	I like it because it lets me forget about stressful things	난 그것을 좋아한다 그것은 나로 하여금 잊게 해주니까 스트레스 받는 일들에 대해	
03	I like it because it's relaxing	난 그것을 좋아한다 그것은 마음을 느긋하게 해주니까	
04	I like it because it's fun	난 그것을 좋아한다 그것은 재미있기 때문에	
05	I like it because it makes me laugh	난 그것을 좋아한다 그것은 날 만들어주기 때문에 웃게	
06	I read newspaper articles because I can keep up with what is happening	난 신문 기사를 읽는다 난 뒤처지지 않고 따라갈 수 있어서 벌어지고 있는 일에	
07	I take the train because it's convenient	난 기차를 탄다 그것은 편리하기 때문에	
08	I like documentaries because I learn a lot of new things	난 다큐멘터리들을 좋아한다 난 배울 수 있기 때문에 많은 새로운 것들을	
09	I visit the site because of its comments	난 그 사이트를 방문한다 그것의 댓글들 때문에	
10	I watch TV to get information from the news	난 TV를 본다 정보를 얻기 위해 (TV에서 나오는) 그 뉴스로부터	

훈련한 날짜	. .
소요시간	분

강의 및 훈련 MP3

제한시간 1분 (표현당 3초 내외)

Step 4 자연스럽게 말하기	Step 5 보면서 말하기	Step 6 혼자 말하기
I like watching TV **because** it releases stress.	스트레스를 풀어주기 때문에 TV 보는 걸 좋아한다.	
I like it **because** it lets me forget about stressful things.	스트레스 받는 일들을 잊게 해줘서 난 그걸 좋아한다.	
I like it **because** it's relaxing.	마음이 느긋해져서 좋아한다.	
I like it **because** it's fun.	재미있어서 좋아한다.	
I like it **because** it makes me laugh.	날 웃게 해줘서 좋아한다.	
I read newspaper articles **because** I can keep up with what is happening.	무슨 일이 벌어지고 있는지 뒤처지지 않고 알 수 있어서 신문 기사를 읽는다.	
I take the train **because** it's convenient.	편리하기 때문에 기차를 탄다.	
I like documentaries **because** I learn a lot of new things.	새로운 것들을 많이 배울 수 있어서 다큐멘터리를 좋아한다.	
I visit the site **because of** its comments.	댓글 때문에 그 사이트를 방문한다.	
I watch TV **to** get information from the news.	뉴스에서 정보를 얻기 위해 TV를 본다.	

	Step 1 끊어 듣기	Step 2 의미 확인	Step 3 끊어 말하기
11	I write to release stress	난 글을 쓴다 스트레스를 해소하기 위해	
12	I go window shopping to kill time	난 아이쇼핑을 하러 간다 시간을 때우기 위해	
13	I read cartoons to feel happier	난 만화를 읽는다 더 행복하게 느끼기 위해	
14	I jog to lose weight	난 조깅을 한다 살을 빼기 위해	
15	I go out to see friends on weekends	난 외출한다 친구들을 만나기 위해 주말이면	
16	I listen to music to relax	난 음악을 듣는다 (긴장을 풀고) 느긋하게 쉬기 위해	
17	I ride my bike to get some fresh air	난 내 자전거를 탄다 상쾌한 공기를 좀 쐬기 위해	
18	I talk with my family to learn from their experiences	난 우리 가족과 이야기한다 배우기 위해 그들의 경험들로부터	
19	I don't eat out to save money	난 외식하지 않는다 돈을 아끼기 위해	

Step 4 자연스럽게 말하기	Step 5 보면서 말하기	Step 6 혼자 말하기
I write **to** release stress.	스트레스 해소를 위해 글을 쓴다.	
I go window shopping **to** kill time.	시간을 때우기 위해 아이쇼핑한다.	
I read cartoons **to** feel happier.	행복감을 더 느끼려고 만화를 읽는다.	
I jog **to** lose weight.	살을 빼기 위해 조깅을 한다.	
I go out **to** see friends on weekends.	주말이면 친구들을 만나기 위해 외출한다.	
I listen to music **to** relax.	음악을 들으며 느긋하게 쉰다.	
I ride my bike **to** get some fresh air.	상쾌한 공기를 쐬기 위해 자전거를 탄다.	
I talk with my family **to** learn from their experiences.	가족과 이야기를 나누며 그들의 경험으로부터 배운다.	
I don't eat out **to** save money.	돈을 아끼기 위해 외식을 하지 않는다.	

DAY 28

1분 영어 말하기 표현

있다·없다

In 28.mp3

	Step 1 끊어 듣기	Step 2 의미 확인	Step 3 끊어 말하기
01	**There is** a park	있다 공원이 하나	
02	**There is** a problem	있다 문제가 하나	
03	**There are** convenience stores	있다 편의점들이	
04	**There are** so many things to do today	있다 너무 많은 할 일들이 오늘	
05	**There are** a few cars in the park	있다 몇 대의 차가 그 공원 안에	
06	**There is no** parking lot	없다 주차장이	
07	**There is no one** to talk with	사람이 아무도 없다 함께 이야기할	
08	**There is no food** to eat	음식이 하나도 없다 먹을	
09	**There are no tickets** left	표들이 하나도 없다 남은	

훈련한 날짜 . .

소요시간 분

강의 및 훈련 MP3

제한시간 1분 (표현당 3초 내외)

Step 4 자연스럽게 말하기	Step 5 보면서 말하기	Step 6 혼자 말하기
There is a park.	공원이 있다.	
There is a problem.	문제가 있다.	
There are convenience stores.	편의점들이 있다.	
There are so many things to do today.	오늘 할 일이 무척 많이 있다.	
There are a few cars in the park.	공원에 차가 몇 대 있다.	
There is no parking lot.	주차장이 없다.	
There is no one to talk with.	이야기를 나눌 사람이 없다.	
There is no food to eat.	먹을 음식이 없다.	
There are no tickets left.	남은 표가 없다.	

	Step 1 끊어 듣기	Step 2 의미 확인	Step 3 끊어 말하기
10	**There are no** mountains	없다 산들이	
11	**There is no need** **to worry** about it	필요가 전혀 없다 걱정할 그것에 대해	
12	**There is no need** **to call** him back	필요가 전혀 없다 전화할 그에게 다시	
13	**There is no need** **to buy** another laptop	필요가 전혀 없다 살 다른 노트북을	
14	**There is no need** **to buy** him coffee	필요가 전혀 없다 살 그에게 커피를	
15	**There is no need** **to watch** that show	필요가 전혀 없다 볼 그 프로그램을	

Step 4 자연스럽게 말하기	Step 5 보면서 말하기	Step 6 혼자 말하기
There are no mountains.	산이 없다.	
There is no need to worry about it.	그것에 대해 걱정할 필요가 없다.	
There is no need to call him back.	그에게 다시 전화할 필요가 없다.	
There is no need to buy another laptop.	다른 노트북을 살 필요가 없다.	
There is no need to buy him coffee.	그에게 커피를 사 줄 필요가 없다.	
There is no need to watch that show.	그 프로그램을 볼 필요가 없다.	

DAY 29

1분 영어 말하기 표현

~는 …하는 것이다

In 29.mp3

	Step 1 끊어 듣기	Step 2 의미 확인	Step 3 끊어 말하기
01	My hobby is to fish	내 취미는 이다 낚시하는 것	
02	My hobby is reading and writing	내 취미는 이다 독서와 글쓰는 것	
03	My favorite housework is dishwashing	내가 가장 좋아하는 집안일은 이다 설거지하는 것	
04	My least favorite house chore is taking out the garbage	내가 가장 싫어하는 집안일은 이다 쓰레기를 내다 버리는 것	
05	The only thing I hate is doing the laundry	내가 싫어하는 유일한 일은 이다 빨래하는 것	
06	My goal is to get a job	내 목표는 이다 취업하는 것	
07	My goal is to get a master's degree	내 목표는 이다 석사 학위를 취득하는 것	
08	Its purpose is to save time	그것의 목적은 이다 시간을 아끼는 것	
09	Your job is to clean the floor	네 일은 이다 바닥을 청소하는 것	

훈련한 날짜	. .
소요시간	분

강의 및 훈련 MP3

제한시간 1분 (표현당 3초 내외)

Step 4 자연스럽게 말하기	Step 5 보면서 말하기	Step 6 혼자 말하기
My hobby **is to** fish.	내 취미는 낚시이다.	
My hobby **is** reading and writing.	내 취미는 독서와 글쓰기이다.	
My favorite housework **is** dishwashing.	내가 가장 좋아하는 집안일은 설거지이다.	
My least favorite house chore **is** taking out the garbage.	내가 가장 싫어하는 집안일은 쓰레기를 내다 버리는 것이다.	
The only thing I hate **is** doing the laundry.	내가 유일하게 싫어하는 일은 빨래하는 것이다.	
My goal **is to** get a job.	내 목표는 취업하는 것이다.	
My goal **is to** get a master's degree.	내 목표는 석사 학위를 취득하는 것이다.	
Its purpose **is** to save time.	그것의 목적은 시간을 아끼는 것이다.	
Your job **is to** clean the floor.	네 일은 바닥을 청소하는 것이다.	

	Step 1 끊어 듣기	Step 2 의미 확인	Step 3 끊어 말하기
10	**The first step is** **to set up a goal**	첫 단계는 이다 목표를 정하는 것	
11	**My dream is** **to be a singer**	내 꿈은 이다 가수가 되는 것	
12	**Its function is** **to find a place**	그것의 기능은 이다 장소를 찾는 것	
13	**The best way is** **to take a taxi**	가장 좋은 방법은 이다 택시를 타는 것	
14	**Our project is** **to develop a new app**	우리 프로젝트는 이다 새로운 앱을 개발하는 것	
15	**My wish is** **to get married**	내 소원은 이다 결혼하는 것	
16	**Our mission is** **to reduce crime**	우리의 임무는 이다 범죄를 줄이는 것	
17	**My promise is** **to make you rich**	내 약속은 이다 당신을 부자로 만들겠다는 것	

Step 4 자연스럽게 말하기	Step 5 보면서 말하기	Step 6 혼자 말하기
The first step **is** to set up a goal.	첫 단계는 목표를 정하는 것이다.	
My dream **is** to be a singer.	내 꿈은 가수가 되는 것이다.	
Its function **is** to find a place.	그것의 기능은 장소를 찾는 것이다.	
The best way **is** to take a taxi.	가장 좋은 방법은 택시를 타는 것이다.	
Our project **is** to develop a new app.	우리 프로젝트는 새로운 앱을 개발하는 것이다.	
My wish **is** to get married.	내 소원은 결혼하는 것이다.	
Our mission **is** to reduce crime.	우리의 임무는 범죄를 줄이는 것이다.	
My promise **is** to make you rich.	내 약속은 당신을 부자로 만들겠다는 것이다.	

DAY 30

1분 영어 말하기 표현

중간 점검 DAY 25~29

표현 섞어 말하기 배운 표현들을 서로 연결하고 섞어서 더 길게 말해 보자.

In 30.mp3

	Step 1 끊어 듣기	Step 2 끊어 말하기
Day 29+26	내 약속은 이다 당신을 부자로 만들겠다는 것 그러나 그것은 달려 있다 당신이 얼마나 노력하느냐에	My promise is to make you rich However it depends on how much you try
Day 25+26	난 알고 있다 그것이 달려 있다는 것을 그 가격에	I know it depends on the price
Day 28+28	없다 산들이 우리 집 근처에 그러나 있다 큰 공원이 하나	There are no mountains near my house but there is a big park
Day 28+27	있다 공원이 하나 근처에 난 거기 조깅하러 간다 살을 빼기 위해	There is a park nearby I go jogging there to lose weight
Day 28+28	음식이 하나도 없다 먹을 그러나 필요가 전혀 없다 걱정할 그것에 대해	There is no food to eat but there is no need to worry about it
Day 25+27	난 모르겠다 내가 그것을 좋아하는지 왜냐면 그것이 나로 하여금 잊게 해주니까 스트레스 받는 일들에 대해	I don't know if I like it because it lets me forget about stressful things
Day 27+26	난 외식하지 않는다 돈을 아끼기 위해 그러나 그것은 달려 있다 그 상황에	I don't eat out to save money but it depends on the situation

훈련한 날짜 . .

소요시간 분

훈련 MP3

제한시간 1분 (표현당 3초 내외)

Step 3 자연스럽게 말하기	Step 4 보면서 말하기
My promise is to make you rich. However, it depends on how much you try.	내 약속은 당신을 부자로 만들겠다는 것이다. 그러나 그건 당신이 얼마나 노력하느냐에 달려 있다.
I know it depends on the price.	그게 가격에 따라 다르다는 것을 알고 있다.
There are no mountains near my house, but there is a big park.	우리 집 근처에 산은 없지만 큰 공원이 하나 있다.
There is a park nearby. I go jogging there to lose weight.	근처에 공원이 하나 있다. 나는 살을 빼려고 거기 조깅하러 다닌다.
There is no food to eat but there is no need to worry about it.	먹을 음식이 없지만 그것에 대해 걱정할 필요가 없다.
I don't know if I like it because it lets me forget about stressful things.	스트레스 받는 일들을 잊게 해줘서 내가 그것을 좋아하는지는 모르겠다.
I don't eat out to save money, but it depends on the situation.	난 돈을 아끼려고 외식을 하지 않지만 상황에 따라 다르다.

	Step 1 끊어 듣기	Step 2 끊어 말하기
Day 29+27	내가 가장 싫어하는 집안일은 이다 쓰레기를 내다 버리는 것 왜냐면 그것은 악취가 나기 때문이다	My least favorite house chore is taking out the garbage because it smells bad
Day 29+27	가장 좋은 방법은 이다 택시를 타는 것 왜냐면 그것은 빠르기 때문이다	The best way is to take a taxi because it's fast
Day 25+29	난 잘 모르겠다 우리의 임무가 인지 범죄를 줄이는 것	I don't know if our mission is to reduce crime
Day 28+25	있다 많은 차들이 그 공원 안에 난 모르겠다 어디에 주차해야 할지	There are many cars in the park I don't know where to park
Day 25+29	난 알고 있다 내 목표는 이다 직장을 구하는 것	I know my goal is to get a job
Day 29+26	그것의 기능은 이다 장소를 빨리 찾는 것 하지만 그것은 달려 있다 날씨가 어떠냐에	Its function is to find a place quickly but it depends on what the weather is like
Day 25+28	난 알고 있다 그를 필요가 전혀 없다 살 그에게 커피를	I know him There is no need to buy him coffee
Day 29+27	내 취미는 이다 독서와 글쓰는 것 왜냐면 난 그것들을 아니까 둘 다 마음을 편안하게 해준다는 것을	My hobby is reading and writing because I find them both relaxing

Step 3 자연스럽게 말하기	Step 4 보면서 말하기
My least favorite house chore is taking out the garbage because it smells bad.	내가 가장 싫어하는 집안일은 쓰레기를 내다 버리는 것인데 악취가 나기 때문이다.
The best way is to take a taxi because it's fast.	가장 좋은 방법은 빠르니까 택시를 타는 것이다.
I don't know if our mission is to reduce crime.	우리의 임무가 범죄를 줄이는 것인지는 잘 모르겠다.
There are many cars in the park. I don't know where to park.	공원에 차들이 많이 있다. 어디에 주차해야 할지 모르겠다.
I know my goal is to get a job.	내 목표가 직장을 구하는 것이라는 것을 알고 있다.
Its function is to find a place quickly but it depends on what the weather is like.	그것의 기능은 장소를 빨리 찾는 것이지만 날씨가 어떠냐에 달려 있다.
I know him. There is no need to buy him coffee.	난 그와 아는 사이다. 그에게 커피를 사 줄 필요가 없다.
My hobby is reading and writing because I find them both relaxing.	둘 다 마음을 편안하게 해줘서 내 취미는 독서와 글쓰기이다.

{ INPUT }
주요 표현 정리
Check the Useful Expressions

INPUT 파트에 나온 중요한 표현들을 해설과 함께 정리했습니다. 표현의 미묘한 뉘앙스 차이를 알아둘 필요가 있거나 알아두면 스피킹에 큰 도움 되는 표현의 용법 또는 개별 단어의 의미를 자세히 정리했어요. 이미 알고 있는 내용은 그냥 건너뛰고 새로운 정보들만 흡수하시면 됩니다. 모르는 표현은 빈칸에 ☑ 표시하고 나중에 다시 복습하시는 것도 추천합니다.

- INPUT 파트를 공부할 때 함께 보면 좋아요!
- INPUT 파트를 일단 한 번 쭉 공부한 다음, 두 번째로 INPUT 파트를 복습하면서 함께 보면 더 좋아요!!

☐ wake up 잠이 깨다 vs get up 일어나다

- wake up은 잠에서 깨서 정신을 차린다는 뉘앙스로, 엄마들이 아이를 깨울 때 Wake up!(일어나렴!)이라고 말하죠.
- get up은 잠자리에서 몸을 일으킨다는 뉘앙스로, 잠자리뿐 아니라 몸을 일으키는 모든 상황에서 쓸 수 있습니다. 가령 넘어진 사람이 일어난다고 할 때도 get up을 쓰면 되죠.

☐ sleep in 늦잠 자다

- 오늘은 좀 늦게까지 자야겠다며 작정을 하고 늦잠 자는 경우에 쓰는 표현이에요. 물론 oversleep처럼 그럴 의도는 아녔는데 어쩌다 보니 못 일어나서 늦잠을 잔 경우에도 쓸 수 있고요.

☐ brush my teeth 양치질하다

- 양치질을 할 때는 이 하나만 닦는 게 아니라 이 전체를 닦는 거니까, tooth가 아니라 teeth! 마찬가지로 '손을 씻는다'고 할 때도 두 손을 씻는 거니까, hand가 아니라 hands를 써서 wash my hands라고 합니다.

☐ leave + 장소 그 장소를 나서다[떠나다] vs leave for + 장소 그 장소를 향해 나서다[떠나다]

- 그래서 leave my house는 '집을 나서다'이고, leave the office는 '사무실을 나서다' 즉, '퇴근하다'인 거죠.
- leave for work 하면 '일터를 향해 나서다'니까 '출근하다'가 되어 본문의 go to work와 같은 맥락의 표현이 됩니다.

☐ get back home 집에 돌아오다

- home이 '집에, 집으로'라는 부사로 쓰인다는 점에 주목하세요. 그렇지 않고 get back 뒤에 장소명사가 왔다면 전치사 to를 반드시 붙여야 하거든요. get back to work(회사로 복귀하다)처럼 말이죠. 더불어 come home(집에 오다), come to the office(사무실로 오다)도 함께 알아두세요.

☐ watch TV alone TV를 혼자 보다

- alone 대신 by oneself(혼자)를 써도 됩니다. oneself 자리에는 주어에 따라 myself, himself, herself 등으로 말하면 되죠.

☐ have a drink (술) 한잔하다

- drink는 음료를 '마시다', '술을 마시다'라는 뜻뿐 아니라 여기서 '술 한잔하다'는 의미로 쓸 때처럼 명사로도 쓰입니다.

☐ go for a walk 산책 나가다

- '걷다'는 동사로 잘 알려져 있는 walk는 명사로도 쓰이는데요. 우리는 동네를 유유자적 '걷는 것'을 '산책'이라고 하잖아요. 그래서 '산책 나가다'할 때의 '산책'도 walk를 쓰면 됩니다.

DAY 02 | 일상생활 ❷

p.30

☐ spend+시간/돈+-ing & spend+시간/돈+on+명사 ~에 시간을 보내다 / ~에 돈을 쓰다

• 시간이나 돈을 '소비하다'라고 할 때 쓰는 동사가 spend이죠. 그래서 어떤 일을 '하는 데 시간/돈을 쓰다'라고 하려면 〈spend + 시간/돈〉 뒤에 동사의 -ing형을 쓰면 됩니다. 뭐'에 시간/돈을 쓰다'라고 하려면 〈spend + 시간/돈〉 뒤에 〈on + 명사〉를 쓰면 되고요. 물론 -ing 앞에도 전치사 on을 써도 되지만, 보통은 생략하고 말하는 경우가 많습니다.

예 **spend about two hours shopping** 쇼핑하는 데 두 시간 정도를 쓰다
예 **spend too much money on books** 책에 돈을 너무 많이 쓰다

☐ send a text message 문자 메시지를 보내다

• text만으로도 동사 '문자 메시지를 보내다'라는 의미로 쓰입니다.

☐ leave a message 메시지를 남기다 vs leave a voice mail 음성 메시지를 남기다

• 동사 leave는 '~을 남기다', '~을 두고 오다'라는 의미로도 쓰입니다. 그래서 '메시지를 남기다'는 leave a message라고 하면 되죠. 이때 message는 음성으로 남기든, 문자로 남기든, 다른 사람을 통해 남기든 모두 포함하는 말입니다.
• voice mail은 '음성 사서함'입니다. 따라서 '음성 사서함을 남기다(leave a voice mail)'는 자연스러운 우리말로 '음성 메시지를 남기다'가 되는 거죠.

☐ return a call (부재 중 전화가 와 있을 때) 전화를 다시 걸다

• 어떤 이유로든 온 전화를 받지 못 했을 때 전화한 상대방에게 전화를 걸게 되죠. 바로 이런 상황을 그대로 포함하는 표현입니다. 부재 중 전화 와 있어서 전화한다, 누가 전화했길래 전화 준다는 식으로 우리는 길게 이야기하지만 영어로는 간단히 return a call이라고만 하면 됩니다.

☐ turn on (전원을) 켜다 vs turn off (전원을) 끄다

• 호텔방 안의 스위치나 가전제품의 스위치를 보면 on과 off가 적혀 있는 걸 종종 볼 수 있을 텐데요. 바로 전원을 '켠' 상태는 on, 전원을 '끈' 상태는 off로 표현합니다.
• 그래서 turn on은 '켠 상태로 돌리다', 즉 '전원을 켜다'이고, turn off는 '끈 상태로 돌리다', 즉 '전원을 끄다'는 의미인 거죠.

DAY 03 | ~하러 가다 (활동)

p.34

'~하러 가다'는 표현은 〈go + -ing〉로 간단히 표현할 수 있습니다. 또, 헬스장에 간다는 말 자체에는 헬스장에 운동하러 간다는 의미가 자연스럽게 내포되어 있는 거죠. 이럴 때는 그저 go to 뒤에 '헬스장'을 뜻하는 영어표현만 붙여 말하면 됩니다.

☐ go walking 산책하러 가다

• walk는 동사로 '걷다', '산책하다'는 의미로도 쓰입니다.

☐ **go skiing** 스키 타러 가다

- skiing의 발음은 [스끼잉]에 가깝습니다. i가 두 번 들어가서 길게 발음되죠.

☐ **go hiking** 등산하러 가다

- hiking은 산이나 들판을 걷는 것을 말합니다. 따라서 산에서 hiking한다는 것은 '등산하는 것'을 말하는데, 전문가들이 본격적으로 산을 오르는 climbing(암벽등반)과는 차이가 있습니다.

☐ **go fishing** 낚시하러 가다

- fish는 '생선'이란 의미의 명사뿐 아니라 '낚시하다'는 의미의 동사로도 많이 쓰인다는 점, 기억해 두세요.

☐ **go to see a movie & go to the movies** 영화 보러 가다

- 영화 보러 극장에 간다는 말은 관용적으로 go to see a movie 또는 go to the movies라고 합니다.
- go가 현재형으로 쓰이는 경우에 go to see a movie는 to를 빼고 go see a movie라고만 말하는 경우가 많다는 사실, 꼭 기억해 두세요. 단, 과거형이 되면 went to see a movie로 to를 꼭 써주어야 해요.

☐ **department store** 백화점

☐ **play** 연극

☐ **public bath** 대중목욕탕

☐ **gym** 헬스장, 헬스클럽

- 돈 내고 신청하는 '헬스클럽'도 gym이고, 아파트 단지 내나 마을 주민센터에 거주민들을 위해 마련해놓은 '헬스장'도, 호텔 내에 마련된 '헬스장'도, 학교나 직장 내에 마련된 '헬스장'도 모두 gym입니다. 상당히 포괄적이고 일반적으로 쓰이는 표현이에요.

☐ **go to see a doctor** 병원에 가다

- 일상적으로 곧잘 쓰는 '병원에 진료받으러 간다'는 말은 go to see a doctor, 의사를 보러 간다는 식으로 표현합니다. 역시 go가 현재형으로 쓰이는 경우엔 to를 빼고 go see a doctor라고 말하는 게 보통이죠.

| DAY 04 | ~일 때 • ~할 때 (현재) p.38

'~일 때, ~할 때'라는 말을 하고 싶을 때는 접속사 when을 쓰세요. when 뒤에는 물론 어떨 때인지 혹은 뭐 할 때인지를 문장으로 말해 주면 되는데요. 현재의 그 때를 말하고 싶다면 동사를 현재형으로 써주면 되죠.

☐ **down** (기분이) 다운된, 울적한

- '아래로'라는 의미의 down은 컴퓨터가 다운됐다고 할 때도, 기분이 다운됐다고 할 때도 두루두루 쓰입니다.

☐ **bored** (사람이) 지루한 상태에 있는 **vs boring** (상황이) 지루하게 하는 상태에 있는

- 둘 다 한 마디로 '지루하다'는 의미입니다. 단, bored는 사람이 지루한 상태에 있는 것이기 때문에 주어를 사람으로, boring은 어떤 상황이 지루하게 하는 상태에 있는 것이기 때문에 주어를 상황이나 사물로 쓰죠.

예 **I'm bored.** 난 지루해. 예 **It's boring.** 그건 지루해.

☐ **alone** 혼자인 **vs lonely** 외로운

- alone은 그저 '혼자'라는 의미입니다. 외롭다는 어감은 포함되어 있지 않죠. 외롭다는 말을 하고 싶다면 lonely를 쓰세요.

☐ **embarrassed** (사람이) 창피한 상태에 있는 **vs**
embarrassing (상황이) 창피하게 만드는 상태에 있는

- 앞서 나온 bored, boring과 같은 류의 형용사 표현입니다. 내가 창피하면 I'm embarrassed.이고, 그 상황 혹은 어떤 일 때문에 창피해지면 It's embarrassing.이라고 하면 됩니다.

예 **I'm embarrassed.** 난 창피해. 예 **It's embarrassing.** 그건 창피한 일이야.

☐ **upset** 화난, 기분 나쁜 **& angry** 화난

- 둘 다 같은 말입니다. 굳이 미묘한 뉘앙스를 따지자면 angry는 단순히 '화가 났다'는 그 상태에 초점이 맞춰진 표현이고, upset은 '화가 나서 기분이 나쁘고 마음이 상하고 짜증스런' 감정까지 복합적으로 다 들어가 있는 표현이죠.

☐ **get together** 만나다, 모이다

- 친한 사람들이 여럿 모여서 만난다고 할 때 일상적으로 쓰는 동사입니다. 친하거나 편한 친구 사이에 흔히 "우리 한번 뭉쳐야지."라는 식의 말 많이 하는데요. 이럴 때 쓰면 딱인 동사가 바로 get together이죠. 누구와 모이는지를 밝히려면 뒤에 〈with + 누구〉를 말해 주면 됩니다.

예 **Let's get together sometime.** 우리 언제 한번 뭉쳐야지.

☐ **take the elevator** 엘리베이터를 타다

- take는 교통수단이나 이동수단을 '이용하다'라는 의미로도 쓰입니다. 우리말로는 '탄다'는 말로 다 해결이 되는데, 영어는 조금 다르죠. take the elevator는 '엘리베이터라는 이동수단을 이용한다'는 맥락에서 '엘리베이터를 탄다'는 의미이고요. 실제로 엘리베이터에 올라타는 동작을 말할 때는 get on the elevator라고 구분해서 씁니다.
- 버스를 탄다고 할 때도 마찬가지이죠. take the bus는 버스를 이용한다, get on the bus는 버스를 올라탄다.

DAY 05 | 시간표현 ❶ p.42

☐ **in the morning/afternoon/evening** 아침에/오후에/저녁에

- '아침에', '오후에', '저녁에'라는 말을 할 때는 전치사 in을 씁니다. in the morning, in the afternoon, in the evening을 그냥 숙어처럼 기억해 두세요.

☐ **at night/noon/midnight** 밤에/정오에/자정에

- '밤에', '정오에', '자정에'라는 말을 할 때는 전치사 at을 쓴다는 점에 주의하세요. at night, at noon, at midnight을 그냥 입에 배게 익혀두세요.

☐ **early in the morning** 아침 일찍 **& late at night** 밤늦게

- '아침 일찍', '밤늦게'라는 말도 참 많이 쓰죠? 그냥 in the morning 앞에 early(일찍)를, at night 앞에 late(늦게)를 넣어주기만 하면 됩니다.

☐ **on weekends** 주말이면, 주말마다

- '월요일마다, 월요일이면', '주말마다, 주말이면' 습관적으로 하는 일들을 말할 때 많죠? 이럴 때 가장 먼저 생각나는 표현이 every Monday, every weekend일 텐데요. 이와 같은 말로 on Mondays, on weekends라는 표현도 아주 많이 쓴답니다. 단, every 뒤에는 단수형, on 뒤에는 복수형으로 써야 한다는 점에 주의하세요.

| DAY 06 | 중간 점검 DAY 1~5 p.46

☐ **get home** 집에 가다[도착하다]

- get에는 어떤 장소에 '도착하다, 도달하다'는 의미가 있습니다. 이 경우 〈get to + 장소명사〉의 형태로 쓰죠. 단, home은 '집에, 집으로'라는 의미의 부사로도 쓰여, 그 자체에 전치사 to의 의미가 포함되어 있기 때문에 to 없이 get home이라고 씁니다. get there(거기에 가다) 같은 경우도 마찬가지이죠.

☐ **Don't forget to do** ~하는 것을 잊지 마, 잊지 말고 ~해

- 어떤 일을 잊지 말고 꼭 하라고 명심시킬 때 쓰기 좋은 표현입니다. Remember to do ~(~하는 것을 기억해, 잊지 말고 ~해)와도 같은 말인 거죠.

| DAY 07 | 기분 • 상태 p.50

기분이나 상태를 나타낼 때 쓰이는 feel의 활용 패턴을 한눈에 파악해 보세요!

☐ **I feel + 기분/상태 형용사** 기분이/상태가 ~하다

☐ **It makes me feel + 기분/상태 형용사** 나를 ~하게 하다

☐ **I feel like + -ing** ~하고 싶은 기분이 든다

☐ **feel like + 문장** ~인 것처럼 느껴진다, ~인 기분이 든다

☐ **feel like + 명사** ~처럼 느껴진다

| DAY 08 | 상황 묘사 p.54

여러 가지 상황을 묘사할 때 유용한 〈It's + 형용사〉의 활용법을 한눈에 파악해 보세요!

☐ It's + 상황/상태 묘사 형용사

• 앞서 언급했거나 눈앞에 벌어지고 있는 상황 또는 이미 대화를 나누고 있는 사람들이 알고 있는 상황을 It으로 받아서 그것의 상황이나 상태에 대해 말하면 됩니다. 물론 특정 사물을 콕 집어 It으로 받아 그것의 상태에 대해 말할 수도 있고요.

예 **It's crowded.** 붐빈다.

예 **It's colorful.** 색이 화려하다.

☐ It's + 기분/상태 형용사

• 앞서 언급했거나 눈앞에 벌어지고 있는 상황 또는 이미 대화를 나누고 있는 사람들이 알고 있는 상황을 It으로 받아서 그것에 대한 기분이나 감정상태를 말하면 됩니다.

예 **It's frustrating.** 짜증난다.

☐ It's + 날씨 형용사

• 날씨를 말할 때도 It을 쓰면 됩니다.

예 **It's cloudy.** 날씨가 흐리다.

☐ It's + 형용사 + to do ~하는 것은 …하다

• 구체적으로 어떤 행동을 하는 것에 대한 상황이나 상태, 감정 등을 말할 때는 〈It's + 형용사〉 뒤에 to부정사로 구체적인 행동을 나타내면 됩니다. 이런 걸 전문용어로 〈It 가주어 · to부정사 진주어〉 용법이라고 하는데 이런 전문용어는 굳이 신경 쓸 필요 없습니다.

예 **It's fun to go to an amusement park.** 놀이공원에 가는 것은 즐겁다.

| DAY 09 | 좋다 · 싫다 p.58

좋고 싫은 나의 취향을 분명히 밝히고 싶을 때 유용한 패턴들을 한눈에 파악해 보세요!

☐ I like to do = I like -ing ~하는 것을 좋아한다

• 좋아하는 것을 말할 때는 like 뒤에 명사를 쓰면 되는데, 어떤 행위를 하는 것을 좋아한다고 할 때는 like 뒤에 〈to + 동사원형〉 또는 〈-ing〉 형태로 말하면 됩니다. 여기서는 〈to + 동사원형〉을 붙여 연습하는 데 집중하는데요, 〈to + 동사원형〉은 모두 -ing로 바꿔 말해도 됩니다.

☐ **I don't like to do = I don't like -ing** ~하는 것을 좋아하지 않는다

• 좋아하는 게 I like ~면 좋아하지 않는 건 당연히 I don't like ~라고 하면 되겠죠?

☐ **I love to do = I love -ing** ~하는 것을 무척 좋아한다

• like 대신 love를 쓰면 좋아하는 정도가 강해집니다.

☐ **I don't love to do = I don't love -ing** ~하는 것을 그렇게 좋아하지 않는다

☐ **I hate to do = I hate -ing** ~하는 것을 싫어하다

• '싫어한다'는 뜻의 hate 역시 뒤에 〈to + 동사원형〉 또는 〈-ing〉 형태로 말하면 됩니다. 본문의 -ing는 〈to + 동사원형〉으로 바꿔서 말해도 된다는 얘기이죠.

☐ **I enjoy -ing** ~하는 것을 즐긴다, 즐겨 ~한다

• '즐긴다'는 의미의 enjoy 뒤에는 〈-ing〉 형태만 올 수 있습니다. 〈to + 동사원형〉 형태는 오지 않아요.

☐ **My favorite thing to do is ~** 내가 하기 가장 좋아하는 것은 ~하는 것이다, 나는 ~하는 것을 가장 좋아한다

• 이 경우 is 뒤에는 앞의 to do를 받아서 〈(to +) 동사원형〉이 오는 게 원칙입니다. 주로 to는 생략하고 동사원형만 말하죠.
• 일상생활에서는 크게 구분하지 않고 is 뒤에 -ing형을 쓰기도 합니다.

☐ **My least favorite thing to do is ~** 내가 하기 가장 싫어하는 것은 ~하는 것이다, 나는 ~하는 것을 가장 싫어한다

• 이 경우 is 뒤에는 앞의 to do를 받아서 〈(to +) 동사원형〉이 오는 게 원칙입니다. 주로 to는 생략하고 동사원형만 말하죠.
• 일상생활에서는 크게 구분하지 않고 is 뒤에 -ing형을 쓰기도 합니다.

☐ **I prefer -ing = I prefer to do** ~하는 것을 더 좋아한다

• prefer는 다른 것과 비교해서 '더 좋아한다'는 의미입니다.

DAY 10 | 하고 싶다 • 하기 싫다 p.62

하고 싶은 일, 하기 싫은 일을 말할 때 유용한 패턴들을 한눈에 파악해 보세요!

☐ **I want to do** ~하고 싶다

• want to do는 '~하기를 원한다', 즉 '~하고 싶다'는 의미입니다. 하고 싶은 일, 원하는 일을 말할 때 매일같이 쓰는 표현이에요.
• want to는 -t와 t-가 이어지면서 한 번만 발음되죠. [원-트]라고 t 발음을 해주는 원어민도 있고, [워너]라고 wanna로 발음하는 원어민도 있습니다.

☐ **I don't want to do** ~하고 싶지 않다, ~하기 싫다

- 하고 싶지 않은 일을 말할 때는 don't만 끼워 넣으면 되겠죠?

☐ **I just wanted to do** 단지 ~하고 싶었다

- 단지 그러고 싶었던 과거의 마음을 표현하고 싶다면 want의 과거형을 쓰고, '단지'를 뜻하는 just만 살짝 넣어주세요.

☐ **make you happy** 너를 행복하게 해주다

- 〈make + 사람 + 형용사〉 형태의 표현입니다. make me laugh(나를 웃게 해주다)처럼 형용사 자리에는 동사원형도 쓸 수 있죠.

| DAY 11 | 만족 • 자신감 • 걱정

p.66

살면서 만족감, 자신감 한 번 안 느껴본 사람 없을 테고, 걱정이란 녀석은 매일같이 우리와 함께하는 감정이죠. 이런 만족감, 자신감, 걱정, 우려를 영어로 표현하고 싶을 때 유용한 패턴들을 한눈에 파악해 보세요!

☐ **I'm happy with ~** ~에 만족한다, ~이 마음에 든다

- happy(행복한, 기쁜)는 행복감을 나타내는 대표적인 형용사. 따라서 be happy with ~는 '~에 행복감을 느낀다'는 거니까 만족한다, 마음에 든다는 의미가 되죠.

☐ **I'm confident with ~** ~에 자신이 있다

- confident(자신 있는)는 자신감을 나타내는 대표적인 형용사. 어디에 자신이 있는지 밝히고 싶을 때는 be confident with ~의 형태로 쓰면 됩니다.

☐ **I'm satisfied with ~** ~에 만족하다

- satisfied(만족한)는 만족감을 나타내는 대표적인 형용사. 어디에 만족하는지 밝히고 싶을 때는 역시 전치사 with를 써서 be satisfied with ~라고 하면 됩니다.

☐ **I worry about -ing**
= I'm worried about -ing ~할까 봐 걱정이다

- 걱정거리를 말할 때는 동사 worry about ~을 씁니다. about 뒤에는 명사나 동명사(-ing) 형태로 걱정거리를 말해 주면 되죠.
- worry about 대신 be worried about을 써도 같은 말입니다.

☐ **You don't have to worry about -ing** ~할까 봐 걱정할 필요 없다

- 상대방에게 그럴까 봐 걱정할 필요 없다고 안심시켜 줄 때 유용한 표현. You don't have to do(넌 ~할 필요 없어)와 worry about ~이 결합한 형태이죠.
- don't have to do는 '~할 필요가 없다'는 의미로, 이 역시 원어민들이 밥 먹듯 쓰는 표현입니다.

DAY 12 | 중간 점검 DAY 7~11 p.70

☐ **relaxed** (사람이) 마음이 편안해진[느긋해진] 상태에 있는 **vs**
relaxing (상황이) 마음을 편안하게[느긋하게] 해주는 상태에 있는

- relax는 몸과 마음의 긴장을 풀어헤치고 편안하게 해준다, 느긋하게 쉬게 해준다는 의미를 포괄하는 동사입니다.
- 이와 같은 맥락에서 내가 긴장을 풀고 편안하게 쉬고 있을 때는 relaxed, 어떤 상황이나 어떤 것이 내 몸과 마음의 긴장을 풀어주고 편안하게 해줄 때는 relaxing을 쓰죠.

예 **I'm relaxed.** 난 편안하게 쉬고 있어. 예 **It's relaxing.** 그건 마음을 편안하게 해줘.

☐ **stressed & stressed out** 스트레스를 받은

- 둘 다 같은 의미입니다. 다만, stressed out은 스트레스를 받고 있다는 것을 강조하는 표현이죠.

☐ **have a job** 직장이 있다 **vs get a job** 직장을 얻다, 취업하다

- 직장이 있는 상태를 말할 때는 have동사를, 직장을 얻는 행위를 말할 때는 get동사를 씁니다.

☐ **I'm not satisfied with ~** ~에 만족하지 않는다

- I'm satisfied with ~가 '~에 만족하다'라면 '~에 만족하지 않는다'는 be동사 뒤에 not만 넣으면 됩니다. 이 정도는 쉽게 응용할 수 있겠죠?

DAY 13 | I can't 필수 패턴 p.74

I can't ~은 '~할 수 없다, ~못한다'는 의미이죠. 그런데 이 뒤에 특정 동사가 오면 특정 상황에서 유용하게 쓸 수 있는 회화 패턴이 만들어집니다. I can't ~의 대표적인 회화 필수 패턴들을 한눈에 파악해 보세요!

☐ **I can't wait to do** 빨리 ~하고 싶다

- 기다릴 수가 없을 정도로 빨리 하고 싶은 마음, 기대감, 설렘을 나타내는 표현입니다.

☐ **I can't afford to do** ~할 형편이 안 된다

- 경제적으로나 정신적으로 어떤 일을 할 여유나 형편이 안 된다고 할 때는 쓰는 표현입니다. 일상생활에서는 주로 경제적인 여유를 말할 때가 많죠.

☐ **I can't believe + 문장** ~라니 믿을 수 없다

- 도무지 믿기지 않는 현실에 직면했을 때 곧잘 쓰는 표현이죠.

☐ **I can't stop -ing** ~하는 걸 그만둘 수가 없다

- 그만두고 싶고 그만두는 게 나을 거 같은데 내 의지로는 도저히 그렇게 되지가 않을 때 쓰는 표현이죠.

☐ **I can't even do** ~도 못한다

- I can't ~이라고 하면 그냥 '못한다'입니다. 여기에 부사 even(심지어 ~도) 하나만 딱 갖다 붙이면 '~도 못한다'는 의미가 되죠. 부사 하나만 잘 써도 표현이 풍부해집니다.

| DAY 14 | 잘한다 • 못한다

p.78

아주 거창한 것이 아니더라도 사람마다 자신이 잘하는 것도 있고 못하는 것도 있죠. 어떤 걸 잘한다, 못한다, 어떤 거는 이러저러해서 할 수가 없다는 식의 표현, 영어로는 어떻게 하면 되는지 한눈에 파악해 보세요!

☐ **I'm good at -ing** ~를 잘한다

- 뭔가를 하는 데 능숙하다, 잘한다는 의미입니다. 간단하지만 아주 유용한 표현이죠.

☐ **I'm not good at -ing** ~를 잘 못한다

- 잘 못한다고 하려면 I'm good at ~에다 not만 붙여주면 되죠.
- 또, good 대신 bad나 poor를 써서 I'm bad at ~, I'm poor at ~이라고 해도 됩니다. 잘 못한다, 그런 일에 미숙하다, 서투르다는 의미이죠.

☐ **I'm a good + 사람명사** ~를 잘한다

- 어떤 일을 잘한다는 말을 I'm a good 뒤에 listener(잘 들어주는 사람), talker(말을 잘하는 사람), singer(가수), cook(요리사) 등과 같이 특정 사람명사를 넣어 쓰는 경우도 있습니다.

☐ **I'm too + 형용사 + to do** 너무 (형용사)해서 ~할 수 없다

- 직역하면 '~하기에는 너무 (형용사)하다'이죠. 즉 '너무 (형용사)해서 ~할 수 없다, 못한다'는 의미입니다.

| DAY 15 | ~였을 때 • ~했을 때 (과거)

p.82

'~였을 때, ~했을 때'라며 과거의 일을 말할 때 유용하게 쓰이는 패턴을 한눈에 파악해 보세요!

☐ **When I was ~** ~였을 때

- 요샛말로 '라떼는 말야'라는 식의 말을 할 때 딱인 표현입니다.
- 대표적인 표현으로 '어렸을 때'는 When I was a kid 또는 When I was young이라고 하죠.
- When I was 뒤에 나이를 언급해서 '나 ~살 때는 말야'라는 식으로 활용해도 좋습니다.

☐ **When I was in + 학교/조직** ~학교 다닐 때 / ~조직에 있을 때

- '나 초등학교 다닐 때 말야', '나 군대에 있을 때 말야'라는 우리말은 현재처럼 보이지만 사실은 과거의 때를 말하는 거죠. 영어로는 과거 시제를 분명히 표현해 was로 말해 주세요.

☐ **As S + 과거동사** ~하면서

☐ **As I got to university** 대학에 가면서

- get to university는 '대학에 가게 되다'란 의미입니다. 대학에 가서 공부하게 된다는 일반적인 의미이므로 university 앞에 정관사를 붙이지 않습니다.
- 접속사 After와 학교에 '들어가다'는 의미의 get into를 써서 After I got into the university라고 하면 '그 대학에 들어가고 나서'라는 의미가 됩니다.
- As I got to university와 After I got to the university 모두 과거의 일을 이야기하고 있습니다. 우리말만 보고 현재로 착각하면 안 돼요.

☐ **The first time I + 과거 동사** 처음 ~했을 때

- 첫 경험을 이야기할 때 아주 유용한 표현. 이때 the first time은 접속사입니다. 따라서 뒤에 문장을 쓰죠.

☐ **The last time I + 과거 동사** 마지막으로 ~했을 때

- 현재를 기준으로 마지막 경험을 이야기할 때 아주 유용한 표현. 이때 the last time은 접속사입니다. 따라서 뒤에 문장을 쓰죠.

| DAY 16 | 과거 표현 p.86

과거 시간을 나타내는 표현은 과거 동사와 함께 쓰입니다.

☐ **last ~** 지난 ~

- last 뒤에 year, month, week, weekend, Monday(요일) 등을 넣어서 '지난해', '지난달', '지난주', '지난 주말', '지난 월요일' 등과 같이 과거의 때를 표현할 수 있습니다.
- '어젯밤, 간밤, 지난밤'도 last night로 표현합니다.

☐ **~ ago** ~ 전에

- two days ago(이틀 전에), a month ago(한 달 전에) 등과 같이 ago를 써서 며칠 '전에'라는 과거의 때를 표현할 수 있습니다.

☐ **quit one's job** 일을 그만두다

- quit은 현재형, 과거형, 과거분사형의 모습이 quit - quit - quit으로 동일합니다.

☐ **have a party** 파티를 하다 ☐ **work out** 운동하다 ☐ **firm** 회사

☐ **run across** ~를 우연히 만나다

- run은 run - ran - run으로 변화합니다.

☐ **give birth to someone** ~를 낳다, 출산하다

- give는 give - gave - given으로 변화합니다.

DAY 17 | 예전에는 ~(하곤) 했다

p.90

'예전에는 ~했다'는 말은 I used to do로 표현합니다. 이 말 속에는 예전에는 그랬는데 지금은 안 그렇다는 의미가 포함되어 있죠.

- [ ] **I used to do** 예전에는 ~(하곤) 했다 (지금은 아니다)
  - '~에 익숙하다'는 의미의 〈I'm used to + (동)명사〉와 헷갈리지 않도록 잘 구별해 쓰세요.

- [ ] **play the + 악기** ~를 연주하다
  - 특정 악기를 연주한다고 말하고 싶을 때는 play the piano(피아노를 치다), play the guitar(기타를 치다)와 같이 〈play the + 악기〉의 형태로 말하면 됩니다.

- [ ] **neighborhood** 동네
- [ ] **ride a bike** 자전거를 타다
- [ ] **get upset** 화가 나게 되다, 화를 내다
- [ ] **attend** ~에 참석하다

DAY 18 | 중간 점검 DAY 13~17

p.94

- [ ] **every day** 매일
  - every day로 띄어 쓰면 부사로 '매일'이란 의미가 됩니다.
  - everyday로 붙여 쓰면 '매일의, 일상의'란 의미로 형용사가 됩니다. everyday life(일상생활)와 같이 쓰이죠.

- [ ] **nowadays & these days** 요즘(에는)
  - 과거와 달라진 현재를 이야기할 때 쓰는 부사입니다.
  - nowadays는 formal한 어감으로, 예전과는 달라진 사회문화적인 현상을 이야기할 때 많이 쓰입니다.
  - 일상생활에서 보편적으로는 these days를 부담 없이 많이 쓰죠.

DAY 19 | 시간표현 ❷

p.98

시간을 나타내는 표현부터 어떤 일을 하는 데 걸리는 소요 시간, 어떤 일을 하는 데 낼 수 있는 시간이 있는지 등의 표현을 한눈에 파악해 보세요.

- [ ] **It is + 시간 (+ in the morning/afternoon)** (오전/오후) ~시이다
  - 지금 몇 시인지 시간을 말하고 싶으면 It is two.(2시이다.)와 같이 간단히 말하면 됩니다.
  - '오전 ~시이다'라고 하고 싶으면 〈It is + 시간〉 뒤에 in the morning 또는 a.m.을 붙여 말하면 되죠.
  - '오후 ~시이다'라고 하고 싶으면 〈It is + 시간〉 뒤에 in the afternoon을, '저녁 ~시이다'는 뒤에 in the evening을 붙여 말하면 됩니다. 오후와 저녁을 모두 포함하는 용어로 p.m.을 붙여도 되고요.

☐ **at + 시간 + in the morning** 아침 ~시에

- '아침 6시에', '저녁 7시에'와 같이 말하고 싶으면 at 6 in the morning, at 7 in the evening과 같이 말하면 되죠.
- '아침 6시까지'라고 말하고 싶다면 by 6 in the morning처럼 시간 앞의 전치사만 by로 바꿔 주면 됩니다.

☐ **It takes + 시간** (시간이) ~걸리다

- 동사 take는 시간을 '필요로 한다', 즉 시간이 '걸린다'는 의미로도 쓰입니다.

☐ **It takes + 시간 + to do** ~하는 데 (시간이) …걸리다

- 어떤 일을 하는 데 걸리는 소요 시간을 구체적으로 말하고 싶을 때 유용하게 쓸 수 있는 패턴입니다.

☐ **I have time to do** ~할 시간이 있다

☐ **I don't have time to do** ~할 시간이 없다

☐ **I have a lot of time to do** ~할 시간이 많다

☐ **There isn't enough time to do** ~할 시간이 충분치가 않다

DAY 20 | 기간 • 횟수

p.102

☐ **~ a day/week/month/year** 하루에 ~ / 일주일에 ~ / 한 달에 ~ / 일 년에 ~

- '하루에 몇 시간 동안', '일주일에 몇 번'과 같은 말을 하고 싶을 때는 몇 시간 동안인지 혹은 몇 번인지를 언급한 후 바로 뒤에 a day, a week, a month, a year를 딱 붙여 주면 됩니다.
- 이때 a는 '하나'라기보다는 '무엇 당'의 의미죠.

☐ **every day/week/month/year** 매일 / 매주 / 매달 / 매년

- 같은 맥락을 〈every + 요일〉을 말하면 그 '요일마다'라는 의미가 되죠.

☐ **on Sundays** 일요일마다, 일요일이면

- every Sunday와 같은 말입니다. 단, on을 쓰면 요일을 복수형으로 써야 한다는 점, 주의하세요!

☐ **every other day/week** 격일 / 격주

- '격일', '격주', '격월', '2년에 한 번'과 같은 표현을 하고 싶다면 every other ~를 기억하세요. every other day, every other week, every other month, every other year와 같이 말하면 됩니다.

☐ **I often ~** 자주 ~한다 **& I sometimes ~** 가끔 ~한다

- 일상생활에서 자주 하거나 가끔 하는 일을 이야기할 때 쓰기 좋은 패턴입니다.
- 거의 하지 않거나 전혀 하지 않는 일을 이야기할 때는 I hardly ~(거의 ~하지 않는다) 또는 I never ~(절대 ~하지 않는다)를 쓰면 됩니다.

☐ **I usually ~** 보통[대개] ~한다

- 일상생활에서 습관적으로 보통 하는 일을 이야기할 때 쓰기 좋은 패턴입니다.

DAY 21 | 멀다 • 가깝다 p.106

☐ **It's close to + 장소** ~에 가깝다

- 특정 장소 It이 '~에 가깝다'고 할 때 쓰기 좋은 패턴입니다.

☐ **It's far from + 장소** ~에서 멀다

- 특정 장소 It이 '~에서 멀다'고 할 때 쓰기 좋은 패턴입니다.

☐ **It takes + 소요 시간 + by bus** 버스로 ~ 걸린다

- 특정 장소 It이 버스로(by bus) 얼마나 걸리는 거리에 있는지를 구체적으로 언급할 때 쓰기 좋은 표현입니다.
- by bus 대신 이용하는 교통수단에 따라 by car(차로), by subway(지하철로), by plane(비행기로) 등으로 다양하게 바꿔 활용하세요.

☐ **It a 00-minute walk from + 장소** ~에서 걸어서 00분이다

- 특정 장소 It이 걸어서 몇 분 거리에 있는지를 얘기할 때 쓰기 좋은 패턴입니다.
- 00-minute가 뒤의 명사 walk를 꾸며주고 있으며, 이때 minute는 단수형으로 쓴다는 점, 기억하세요!

☐ **my place** 내가 사는 곳, 우리 집

- '내가 사는 곳, 우리 집'을 영어에서는 일상적으로 my place라는 말로 많이 씁니다.

DAY 22 | 위치 • 장소 p.110

☐ **underground** 지하의

☐ **next to + 장소** ~ 옆에

☐ **between A and B** A와 B 사이에

☐ **in front of + 장소** ~앞에 ☐ **behind + 장소** ~ 뒤에

☐ **across + 장소** ~ 건너편에

☐ **just around the corner** 모퉁이를 돌아서 바로

☐ **at + 장소** (콕 집어서) ~에 ☐ **in + 장소** ~ 안에

☐ **farm** 농사를 짓다

| DAY 23 | 의견 • 생각 p.114

생각하고 있는 일이나 의견을 이야기할 때 일상적으로 쓰이는 패턴을 한눈에 파악해 보세요!

☐ **I think about ~** ~에 대해 생각하다

☐ **I think (that) S + V** ~라고 생각하다, ~인 것 같다

☐ **I'm considering -ing** ~할까 생각 중이다

- I'm thinking of -ing도 같은 상황에서 같은 의미로 많이 쓰입니다.
- 동사 consider를 쓰면 고민의 강도가 think에 비해 아주 조금 있어 보여서 좀 더 진지하게 느껴집니다.

☐ **I don't think (that) S + V** ~라고 생각하지 않는다, ~하지 않은 것 같다

☐ **change jobs** 직장을 바꾸다

- 직장을 바꾼다는 것은 지금 하고 있는 일(my job)을 다른 일(another job)로 바꾼다는 의미이기 때문에 jobs라고 복수형으로 말해 줍니다.

☐ **work** 효과가 있다

- work는 '일하다'는 의미에서 확장되어 어떤 일이 '효과가 있다', 약 등이 '잘 듣다'라는 의미로도 쓰입니다.

| DAY 24 | 중간 점검 DAY 19~23 p.118

☐ **People say that S + V** 사람들은 ~라고 말한다

- 이렇다고들 하더라는 식으로 일반적인 사람들의 이야기를 전할 때 쓰기 좋은 패턴입니다.

☐ **It's not far from + 장소** ~에서 멀지 않다

- '~에서 멀다'가 It's far from ~이니까, '~에서 멀지 않다'는 여기에 not만 넣어주면 되겠죠?

☐ **by + 시간 + in the morning** 아침 ~시까지

DAY 25 | 안다 • 모른다 p.122

내가 알고 있는 일과 모르는 일에 대해 말할 때 일상적으로 쓰이는 패턴을 한눈에 파악해 보세요!

☐ **I know ~** 난 ~을 안다

- I know 뒤에는 명사 및 명사에 상당하는 말들이 올 수 있습니다.
- I know (that) S + V의 형태로도 많이 쓰이는데, 이때 접속사 that은 생략하고 말하는 경우가 많습니다.

☐ **I know him.** 그와 아는 사이다. **vs I know about him.** 그에 대해서 좀 안다.

- I know him.에는 그 사람이랑 개인적으로 알고 지내는 사이라는 어감이 포함되어 있습니다.
- I know about him.은 그 사람이랑 개인적으로 알고 지내는 사이라기보다는 그 사람에 대해서 들은 얘기가 있어서 좀 아는 바가 있다는 정도의 어감입니다.

☐ **I don't know if S + V** ~인지 모르겠다

- 이때 if는 '~인지 (어떤지)'라는 의미입니다.

☐ **I don't know what to do** 무엇을 ~해야 할지 모르겠다

☐ **I don't know where to do** 어디로 ~해야 할지 모르겠다

☐ **I don't know how to do** 어떻게 ~해야 할지 모르겠다

☐ **I don't know when to do** 언제 ~해야 할지 모르겠다

☐ **I don't know anything about ~** ~에 대해 전혀 모른다

DAY 26 | ~에 달려 있다 p.126

☐ **It depends on ~** ~에 달려 있다, ~에 따라 다르다

☐ **what it looks like** 그게 어떻게 보이는지

- look like는 '~처럼 보이다'는 의미로 like 뒤에는 명사가 옵니다. 따라서 what은 like의 목적어에 해당되죠.

☐ **what the weather is like** 날씨가 어떤지

- 이 말을 의문문으로 바꿔 '요새 한국 날씨는 어때요?'라고 말해 보면 What's the weather like in Korea these days?가 됩니다.

DAY 27 | 이유 • 목적 p.130

☐ **because S + V & because of + 명사** ~때문에

- 이유를 나타내는 대표적인 표현입니다.
- because 뒤에는 문장을, because of 뒤에는 명사를 넣어 말한다는 것만 기억해 두세요.

☐ **S + V ... to do** ~하기 위해 …한다

- '~하기 위해, ~하려'라고 목적을 말하고 싶을 때는 〈to + 동사원형〉으로 표현하면 됩니다.

☐ **release stress** 스트레스를 풀어주다

☐ **stressful** 스트레스가 많은

☐ **newspaper article** 신문 기사

☐ **keep up with** ~에 뒤처지지 않고 따라가다

☐ **window shopping** 아이쇼핑

- 우리가 말하는 '아이쇼핑'은 영어로는 window shopping이라고 합니다.

☐ **save money** 돈을 아끼다

DAY 28 | 있다 • 없다 p.134

'~이 있다/없다'할 때 쓰이는 There is/are ~의 활용 패턴을 한눈에 파악해 보세요!

☐ **There is a/an + 단수명사** ~이 있다 ☐ **There are + 복수명사** ~이 있다

☐ **There is no + 단수명사** ~이 없다 ☐ **There are no + 복수명사** ~이 없다

☐ **There is no need to do** ~할 필요가 없다

DAY 29 ~는 …하는 것이다 p.138

☐ **My hobby is to do = My hobby is -ing** 내 취미는 ~하는 것이다

☐ **My favorite housework is -ing** 내가 가장 좋아하는 집안일은 ~하는 것이다

☐ **My least favorite house chore is -ing** 내가 가장 싫어하는 집안일은 ~하는 것이다

☐ **The only thing I hate is -ing** 내가 유일하게 싫어하는 일은 ~하는 것이다

☐ **My goal is to do** 내 목표는 ~하는 것이다

- My goal을 본문에서처럼 Its purpose, Your job, The first step, My dream, The best way 등등 상황에 따라 여러 가지 주어를 넣어 말해 보세요.

☐ **dishwashing** 설거지 ☐ **take out the garbage** 쓰레기를 내놓다

☐ **do the laundry** 빨래하다 ☐ **master's degree** 석사 학위

DAY 30 중간 점검 DAY 25~29 p.142

☐ **nearby** 근처에

☐ **lose weight** 살을 빼다 (↔ gain weight)

☐ **It smells + 형용사** ~ 냄새가 나다

☐ **where to park** 어디에 주차해야 할지, 주차할 곳

☐ **find A + 형용사** A가 ~라는 것을 알다

SPEAKING MATRIX

한국인의 스피킹 메커니즘에 맞춘 가장 과학적인 영어 스피킹 훈련 프로그램

1초 안에 문장을 완성하고 1분, 2분, 3분, … 정확하고 막힘없이 말한다!

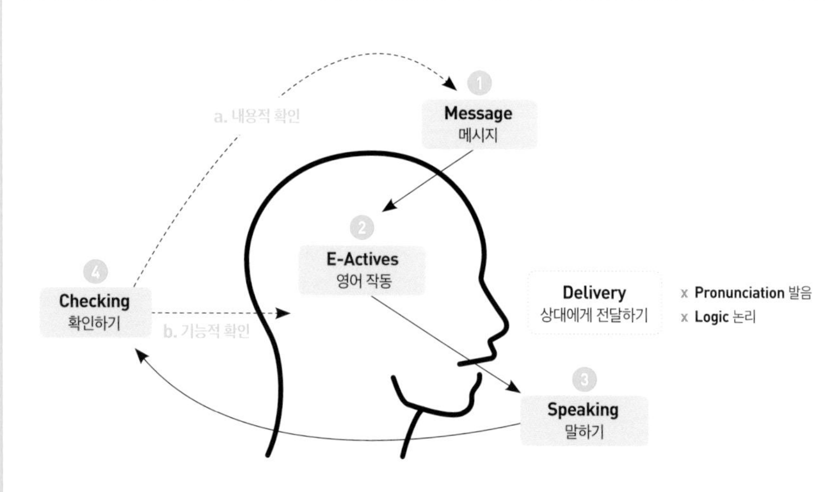

 눈뭉치 만들기

 눈덩이 굴리기

 눈사람 완성

스피킹에 필요한
필수 표현 익히기

주제별 에피소드와
표현 확장하기

자기 생각을
반영하여 전달하기

1분 영어 말하기 스피킹 매트릭스

OUTPUT

1분 영어 말하기 스피킹 매트릭스

김태윤 지음

미리보기 : Preview

{ 이 책은 1분 영어 말하기를 위한 핵심 표현들을 채우는 INPUT과 이를 활용해서 실제로 말하는 연습을 하는

채워라! 아는 만큼 말할 수 있다!

1분 영어 말하기 INPUT

1분 동안 영어로 말하는 데 필요한 표현들을 총망라했습니다. 총 30일의 과정으로, 5일의 학습이 끝나면 배운 내용을 확인하는 '중간 점검'이 있습니다.

STEP 1 끊어 듣기
MP3를 들으며 영어 표현의 의미를 떠올려 봅니다.

STEP 2 의미 확인
의미를 확인합니다. (Step 1의 MP3를 들을 때 우리말을 보며 훈련하는 것도 좋습니다.)

STEP 3 끊어 말하기
청크 단위로 끊어져 총 3번 반복됩니다.
표현이 두뇌에 장착될 수 있도록 입으로 따라 하세요.

STEP 4 자연스럽게 말하기
청크를 연결해서 들려줍니다. 입으로 따라 하세요.
MP3에서 표현이 2번 반복됩니다.

STEP 5 보면서 말하기
우리말을 영어로 바꿔 말해 보세요.

STEP 6 혼자 말하기
텍스트를 보지 않고 혼자 말하세요.

	Step 1 끊어 듣기	Step 2 의미 확인	Step 3 끊어 말하기
01	spend an hour playing games	사용하다 한 시간을 게임을 하는 것에	
02	spend a lot of money shopping for clothes	사용하다 많은 돈을 옷 쇼핑하는 것에	
03	spend a little money on A	사용하다 약간의 돈을 A 위에	
04	It's a waste of time money	그것은 있다 시간 낭비인 상태에 돈	
05	talk on the phone	말하다 전화상으로	
06	make a call	만들다 한 통의 전화를	

제한시간 1분 (표현당 3초 내외)

Step 4 자연스럽게 말하기	Step 5 보면서 말하기	Step 6 혼자 말하기
spend an hour playing games	게임하는 데 한 시간을 쓰다	
spend a lot of money shopping for clothes	옷 쇼핑하는 데 돈을 많이 쓰다	
spend a little money on A	A에 돈을 약간 쓰다	
It's a waste of time. It's a waste of money.	시간 낭비이다. 돈 낭비이다.	
talk on the phone	전화 통화하다	
make a call	전화하다	

{ INPUT 주요 표현 정리 }

INPUT 파트에 나온 중요한 표현들을 해설과 함께 정리했습니다. 함께 공부하면 더욱 깊이 있는 영어 스피킹 학습이 가능합니다.

DAY 01 | 일상생활 ❶

☐ **wake up** 잠이 깨다 vs **get up** 일어나다

- wake up은 잠에서 깨서 정신을 차린다는 뉘앙스로, 엄마들이 아이를 깨울 때 Wake up!(일어나렴!)이라고 말하죠.
- get up은 잠자리에서 몸을 일으킨다는 뉘앙스로, 잠자리뿐 아니라 몸을 일으키는 모든 상황에서 쓸 수 있습니다. 가령 넘어진 사람이 일어난다고 할 때도 get up을 쓰면 되죠.

☐ **sleep in** 늦잠 자다

- 오늘은 좀 늦게까지 자야겠다며 작정을 하고 늦잠 자는 경우에 쓰는 표현이에요. 물론 oversleep처럼 그럴 의도는

혼자 공부하기 외로운 분들을 위한
스피킹 전문 강사의 해설 강의

경력 21년의 전문 영어 강사가 스피킹 훈련 시 유의해야 할 사항들을 하나하나 짚어 줍니다.

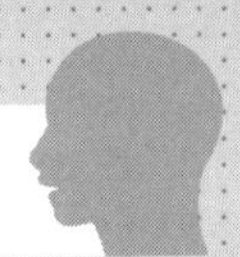

OUTPUT, 이렇게 2단계의 훈련 과정으로 구성되어 있습니다.

말하라! 이제 당신은 네이티브처럼 말하게 된다!

1분 영어 말하기 **OUTPUT**

INPUT에서 익힌 표현들을 서로 연결하고 응용하여 1분 동안 영어로 말하는 훈련을 합니다. 단계별로 차근차근 따라 해주세요.

STEP 1 우리말 보면서 듣기

처음에는 부담 없이 우리말을 보면서 해당하는 영어 표현을 듣습니다.

1분 영어 말하기 : INPUT : Day 4 • Day 5 • Day 7 • Day 9 • Day 10 • Day 15 • Day 17 • Day 20 • Day 29

Step 1 우리말 보면서 듣기

01 장을 보고 난 후 집에 왔습니다.

02 저는 지쳐서 혼자 조용한 시간을 갖고 싶었죠.

03 제 취미는 글쓰기입니다.

STEP 2 한 문장씩 끊어 말하기

한 문장씩 끊어서 말해 봅니다. MP3를 듣고 따라 하다가 익숙해지면 STEP 1을 영어로 말해 봅니다.

Step 2 한 문장씩 끊어 말하기

I returned home • after grocery shopping.

I felt exhausted, • so I wanted • to have some quiet time • alone.

My hobby is • writing.

STEP 3 들으면서 따라 말하기

MP3를 들으면서 따라 말해 봅니다. 빈칸을 채워 가면서 내가 말한 내용을 확인합니다.

Step 3 들으면서 따라 말하기

I ________ after grocery ______. I felt ______, so

I ________ have some quiet time ______. My hobby

STEP 4 1분 동안 영어로 말하기

우리말을 보면서 영어로 바꿔 말해 봅니다. 직접 써 보면 더 오래 기억에 남습니다.

제한시간 1분

Step 4 1분 동안 영어로 말하기

장을 보고 난 후 집에 왔습니다. 저는 지쳐서 혼자 조용한 시간을 갖고 싶

{ OUTPUT 스크립트와 표현 정리 }

OUTPUT 파트에 나온 스크립트와 표현 해설을 정리했습니다.
STEP 3 빈칸에 들어갈 표현들은 스크립트에 밑줄로 표시했습니다.

1-min

DAY 01 | 조깅 Jogging

I jog **in** the park **early in** the **morning**. The park is **behind** my **house**. I **started to jog** a year **ago**. I **did it** to **lose weight**, but now I do it **for my health**. When I **first started jogging**, I used to feel **tired**. Now I feel **more tired** if I **don't jog**. I jog **for** an hour a **day**. It makes me **feel refreshed**. I don't like **working** out **at** a **gym** because I need **fresh air** when **I exercise**. Jogging **refreshes** my **mind** and **body**.

이 책에 나오는 모든 예문들은 MP3파일과 QR코드를 통해 확인할 수 있습니다.

콕 찍기만 해도, 그냥 듣기만 해도 자동으로 외워지는

스피킹 훈련용 MP3 파일

차례 : Contents

INPUT

OUTPUT

1분
영어 말하기
OUTPUT

말하라!

이제 당신은 네이티브처럼 말하게 된다!

앞에서 익힌 핵심 표현들을 섞어서

1분 동안 영어로 말해 보는 연습을 할 거예요.

1분이란 시간이 너무 길다고요?

걱정 마세요.

스토리의 문장들은 앞에서 배운 표현들로 채워져 있답니다.

자, Way to go!

DAY 01

1분 영어 말하기

조깅 Jogging

1분 영어 말하기 : INPUT : Day 4 + Day 5 + Day 7 + Day 9 + Day 15+ Day 16 + Day 17 + Day 20 + Day 22 + Day 27

Out 01-1.mp3

Step 1 **우리말 보면서 듣기**

01 아침 일찍 공원에서 조깅합니다.

02 공원은 우리 집 뒤에 있어요.

03 1년 전에 조깅하기 시작했죠.

04 살을 빼려고 시작했지만 지금은 건강을 위해 합니다.

05 처음 조깅을 시작했을 때는 피곤했어요.

06 이제는 조깅을 안 하면 더 피곤해요.

07 하루에 한 시간 동안 조깅합니다.

08 그렇게 하면 기분이 상쾌해지죠.

09 운동할 때 신선한 공기가 필요하기 때문에 헬스클럽에서 운동하는 것은 안 좋아해요.

10 조깅이 몸과 마음을 상쾌하게 해줍니다.

훈련한 날짜 . .

소요시간 분

강의 및 훈련 MP3

제한시간 1분 (문장당 5초 내외)

Step 2 한 문장 끊어 말하기

I jog in the park * early in the morning.

The park is * behind my house.

I started to jog * a year ago.

I did it * to lose weight, * but now I do it * for my health.

When I first started * jogging, * I used to feel tired.

Now * I feel more tired * if I don't jog.

I jog * for an hour * a day.

It makes me * feel refreshed.

I don't like * working out * at a gym * because I need fresh air * when I exercise.

Jogging refreshes * my mind and body.

Out 01-2.mp3

Step 3 들으면서 따라 말하기

I jog __________ the park __________ __________ the __________. The park is __________ my __________. I __________ __________ __________ a year __________.

I __________ __________ to __________ __________, but now I do it __________ __________ __________. When I __________ __________ __________, I used to feel __________. Now I feel __________ __________ if I __________ __________.

I jog __________ an hour a __________. It makes me __________ __________.

I don't like __________ out __________ a __________ because I need __________ __________ when __________ __________. Jogging __________ my __________ and __________.

▶ 정답은 p.129를 확인하세요.

Step 4 1분 동안 영어로 말하기

아침 일찍 공원에서 조깅합니다. 공원은 우리 집 뒤에 있어요. 1년 전에 조깅하기 시작했죠. 살을 빼려고 시작했지만 지금은 건강을 위해 합니다. 처음 조깅을 시작했을 때는 피곤했어요. 이제는 조깅을 안 하면 더 피곤해요. 하루에 한 시간 동안 조깅합니다. 그렇게 하면 기분이 상쾌해지죠. 운동할 때 신선한 공기가 필요하기 때문에 헬스클럽에서 운동하는 것은 안 좋아해요. 조깅이 몸과 마음을 상쾌하게 해줍니다.

DAY 02

1분 영어 말하기

우리 동네 My Neighborhood

1분 영어 말하기 : INPUT : Day 3 + Day 5 + Day 8 + Day 11 + Day 20 + Day 21 + Day 22 + Day 27 + Day 28

Out 02-1.mp3

Step 1 우리말 보면서 듣기

01 우리 동네에는 공원이 하나 있습니다.

02 우리 집과 가까운데 걸어서 10분이에요.

03 저는 산책하러 매일 저녁 공원에 갑니다.

04 주말에는 너무 붐비기 때문에 주중에 가요.

05 도서관은 공원 옆에 있습니다.

06 도서관 앞에는 주차장이 있죠.

07 그곳에 차를 대면 편리합니다.

08 식료품점은 도서관에서 몇 블록 떨어져 있습니다.

09 저는 도서관에 차를 세워 놓고 장을 보러 가죠.

10 그러면 주차 위반 딱지를 떼일까 걱정할 필요가 없어요.

훈련한 날짜 . .

소요시간 분

강의 및 훈련 MP3

제한시간 1분 (문장당 5초 내외)

Step 2 한 문장 끊어 말하기

There is a park * in my neighborhood.

It is close * to my house * and a 10-minute walk * from my house.

I go to the park * to take a walk * every evening.

I go * during the week * because it's too crowded * on weekends.

The library is * next to the park.

There is a parking lot * in front of the library.

It is convenient * to park my car * there.

The grocery store is * a couple of blocks away * from the library.

I park my car * at the library * and go grocery shopping.

Then * I don't have to worry * about getting a parking ticket.

Step 3 들으면서 따라 말하기

______ ______ a park ______ my ______. It is ______ ______ my house ______ a ______ ______ ______ my house. I ______ ______ the ______ to ______ a ______ ______ evening. I go ______ ______ ______ because it's too ______ ______ ______. The library is ______ ______ the park. ______ is a parking lot ______ ______ of the library. It is ______ ______ ______ my car there. The grocery store is a ______ of ______ ______ ______ the library. I ______ my car ______ the ______ and ______ grocery ______. Then I ______ ______ ______ ______ ______ getting a parking ticket.

▶ 정답은 p.129를 확인하세요.

Step 4 1분 동안 영어로 말하기

우리 동네에는 공원이 하나 있습니다. 우리 집과 가까운데 걸어서 10분이에요. 저는 산책하러 매일 저녁 공원에 갑니다. 주말에는 너무 붐비기 때문에 주중에 가요. 도서관은 공원 옆에 있습니다. 도서관 앞에는 주차장이 있죠. 그곳에 차를 대면 편리합니다. 식료품점은 도서관에서 몇 블록 떨어져 있습니다. 저는 도서관에 차를 세워 놓고 장을 보러 가죠. 그러면 주차 위반 딱지를 떼일까 걱정할 필요가 없어요.

DAY 03

1분 영어 말하기

장보기 Grocery Shopping

1분 영어 말하기 : INPUT : Day 3 + Day 5 + Day 7 + Day 8 + Day 16 + Day 19 + Day 22 + Day 27 + Day 28

Out 03-1.mp3

Step 1 우리말 보면서 듣기

01 어제는 장을 보러 갔습니다.

02 토요일이라서 가게가 사람들로 붐볐어요.

03 가게에 사람들이 너무 많아서 전 지쳐버렸죠.

04 식료품들을 계산하려고 줄을 오래 서 있었습니다.

05 주말에 장보러 가는 것은 제가 가장 싫어하는 일이에요.

06 길게 줄을 서서 기다리는 건 정말 짜증이 나죠.

07 고작 필요한 것 몇 가지 사는 데 한 시간이 걸렸습니다.

훈련한 날짜 . .

소요시간 분

강의 및 훈련 MP3

제한시간 1분 (문장당 5초 내외)

Step 2 한 문장 끊어 말하기

I went grocery shopping * yesterday.

The store was crowded * because it was Saturday.

I felt exhausted * because there were too many people * in the store.

I was standing in line * to pay for the groceries * for a long time.

Going grocery shopping * on weekends * is my least favorite thing.

It is frustrating * to wait * in a long line.

It took me * an hour * just to purchase a few necessities.

Step 3 들으면서 따라 말하기

I ______ grocery ______ yesterday. The store was ______

because ______ ______ Saturday. I ______ ______ because

______ ______ too many ______ ______ the store. I was

______ ______ ______ to ______ ______ the groceries

______ ______ ______ time. ______ grocery ______ on

weekends ______ my ______ ______ thing. It is ______

______ ______ ______ a long ______. It ______ me an hour

______ ______ ______ a few ______.

▶ 정답은 p.129를 확인하세요.

어제는 장을 보러 갔습니다. 토요일이라서 가게가 사람들로 붐볐어요. 가게에 사람들이 너무 많아서 전 지쳐버렸죠. 식료품들을 계산하려고 줄을 오래 서 있었습니다. 주말에 장보러 가는 것은 제가 가장 싫어하는 일이에요. 길게 줄을 서서 기다리는 건 정말 짜증이 나죠. 고작 필요한 것 몇 가지 사는 데 한 시간이 걸렸습니다.

DAY 04

1분 영어 말하기

글쓰기 Writing

1분 영어 말하기 : INPUT : Day 4 + Day 5 + Day 7 + Day 9 + Day 10 + Day 15 + Day 17 + Day 20 + Day 29

Out 04-1.mp3

Step 1 우리말 보면서 듣기

01 장을 보고 난 후 집에 왔습니다.

02 저는 지쳐서 혼자 조용한 시간을 갖고 싶었죠.

03 제 취미는 글쓰기입니다.

04 어렸을 때는 책을 많이 읽곤 했죠.

05 크면서는 쓰는 것이 더 좋아지기 시작했어요.

06 글 쓰는 건 시간 보내기에도 좋은 방법이죠.

07 일주일에 한 번 한 세 시간 동안 글을 씁니다.

08 글을 쓰면 마음이 편안해져요.

09 글을 쓸 때 스트레스가 풀립니다.

10 가끔은 음악을 들으면서 글을 써요.

11 제 목표는 나중에 책을 출간하는 것입니다.

훈련한 날짜 . .

소요시간 분

강의 및 훈련 MP3

제한시간 1분 (문장당 5초 내외)

Step 2 한 문장 끊어 말하기

I returned home * after grocery shopping.

I felt exhausted, * so I wanted * to have some quiet time * alone.

My hobby is * writing.

I used to read * a lot * when I was young.

As I grew up, * I started * to prefer writing.

It is also * a good way * to kill some time.

I write * for about three hours * once a week.

Writing makes me * feel relaxed.

When I write, * it releases my stress.

I sometimes write * while listening to music.

My goal is * to publish a book * in the future.

Out 04-2.mp3

Step 3 들으면서 따라 말하기

I ________ ________ after grocery ________. I felt ________, so

I ________ ________ have some quiet time ________. My hobby

is ________. I ________ ________ ________ a lot ________ I was

________. ________ I ________ up, I ________ to prefer ________.

________ is also a good way ________ ________ some time. I

write ________ ________ three hours ________ a ________. Writing

________ me ________ ________. ________ I ________, it ________ my

________. I ________ write ________ ________ to music. My goal is

________ ________ a book in the future.

▶ 정답은 p.130을 확인하세요.

장을 보고 난 후 집에 왔습니다. 저는 지쳐서 혼자 조용한 시간을 갖고 싶었죠. 제 취미는 글쓰기입니다. 어렸을 때는 책을 많이 읽곤 했죠. 크면서는 쓰는 것이 더 좋아지기 시작했어요. 글 쓰는 건 시간 보내기에도 좋은 방법이죠. 일주일에 한 번 한 세 시간 동안 글을 씁니다. 글을 쓰면 마음이 편안해져요. 글을 쓸 때 스트레스가 풀립니다. 가끔은 음악을 들으면서 글을 써요. 제 목표는 나중에 책을 출간하는 것입니다.

DAY 05

1분 영어 말하기

집안일과 시험 Housework & Exams

1분 영어 말하기 : INPUT : Day 2 + Day 5 + Day 11 + Day 14 + Day 19 + Day 20 + Day 23 + Day 29

Out 05-1.mp3

Step 1 우리말 보면서 듣기

01 두 시간 정도 글을 쓴 후 엄마를 도와 집안일을 했어요.

02 제가 가장 좋아하는 집안일은 설거지이지만 가장 싫어하는 것은 쓰레기를 내다 버리는 것입니다.

03 냄새가 너무 나요.

04 쓰레기를 내다 버린 후 TV를 켰죠.

05 앉아서 약 세 시간 동안 몇몇 프로를 봤습니다.

06 다음 날 시험이 있는 것을 깨달았어요.

07 시험을 망칠까 봐 걱정이 됐죠.

08 새벽 3시까지 공부했습니다.

09 오늘 시험을 봤는데 제 자신이 만족할 정도로 봤습니다.

10 저는 암기를 잘하는 것 같아요.

훈련한 날짜 . .

소요시간 분

강의 및 훈련 MP3

제한시간 1분 (문장당 5초 내외)

Step 2 한 문장 끊어 말하기

After writing * for about two hours, * I helped my mom * with the house chores.

My favorite housework is * dishwashing, * but my least favorite house chore is * taking out the garbage.

It smells * so bad.

After taking out the garbage, * I turned on the TV.

I sat down * and watched some shows * for about three hours.

I realized * that I had an exam * the next day.

I was worried * about failing the exam.

I studied * until 3 a.m.

I took the exam * today * and I am satisfied * with how I did.

I think * I am good at memorization.

Step 3 들으면서 따라 말하기

After ______ ______ about two hours, I ______ my mom ______ the house chores. My ______ housework is ______, but my ______ ______ house chore is ______ out the ______. It ______ so bad. After ______ out the ______, I ______ ______ the TV. I ______ ______ and ______ some ______ ______ about three ______. I realized that I ______ an ______ the next day. I was ______ ______ ______ the exam. I ______ until 3 a.m. I ______ the exam today and I am ______ ______ how ______ ______. I think I am ______ ______ memorization.

▶ 정답은 p.130을 확인하세요.

Step 4 **1분 동안 영어로 말하기**

두 시간 정도 글을 쓴 후 엄마를 도와 집안일을 했어요. 제가 가장 좋아하는 집안일은 설거지이지만 가장 싫어하는 것은 쓰레기를 내다 버리는 것입니다. 냄새가 너무 나요. 쓰레기를 내다 버린 후 TV를 켰죠. 앉아서 약 세 시간 동안 몇몇 프로를 봤습니다. 다음 날 시험이 있는 것을 깨달았어요. 시험을 망칠까 봐 걱정이 됐죠. 새벽 3시까지 공부했습니다. 오늘 시험을 봤는데 제 자신이 만족할 정도로 봤습니다. 저는 암기를 잘하는 것 같아요.

OUTPUT

DAY 06

1분 영어 말하기

쇼핑 Shopping

1분 영어 말하기 : INPUT : Day 2 + Day 3 + Day 4 + Day 5 + Day 7 + Day 11 + Day 15 + Day 17 + Day 19 + Day 20 + Day 27

Out 06-1.mp3

Step 1 우리말 보면서 듣기

01 시험을 본 후 스트레스를 풀기 위해 쇼핑하러 갔어요.

02 전 주중에 스트레스를 받으면 방과 후에 쇼핑하러 갑니다.

03 어렸을 땐 엄마랑 함께 쇼핑하러 가곤 했죠.

04 크면서는 혼자 쇼핑하는 것이 편해졌어요.

05 한 달에 한 번 쇼핑하러 가요.

06 가면 쇼핑하는 데 두 시간 정도를 쓰죠.

07 예전엔 갈 때마다 십만 원 정도를 썼는데 최근에는 그보다 덜 쓰려 하고 있습니다.

08 저는 옷을 사기 전에 늘 입어 봐요.

09 그러면 사이즈를 잘못 살까 봐 걱정할 필요가 없죠.

훈련한 날짜 . .

소요시간 분

Step 2 한 문장 끊어 말하기

After taking the exam, * I went shopping * to release some stress.

When I feel stressed * during the week, * I go shopping * after school.

When I was young, * I used to go shopping * with my mom.

As I grew up, * I felt comfortable * shopping * alone.

I go shopping * once a month.

When I go, * I spend * about two hours * shopping.

I used to spend * about 100,000 won * each time, * but recently * I've been trying to spend * less than that.

I always try clothes on * before I buy them.

Then * I don't have to worry * about buying the wrong size.

Out 06-2.mp3

Step 3 들으면서 따라 말하기

After ______ the ______, I ______ ______ to ______ some ______. When I ______ ______ ______ the ______, I ______ ______ ______ school. ______ I was ______, I ______ ______ ______ shopping ______ my mom. ______ I ______ up, I ______ ______ shopping ______. I go shopping ______ ______ ______. ______ I ______, I ______ ______ two hours shopping. I ______ ______ ______ ______ 100,000 won each time, but ______ I've been trying to spend ______ ______ ______. I always ______ clothes ______ before I ______ them. Then I ______ ______ ______ ______ ______ ______ the wrong size.

▶ 정답은 p.131을 확인하세요.

Step 4 1분 동안 영어로 말하기

시험을 본 후 스트레스를 풀기 위해 쇼핑하러 갔어요. 전 주중에 스트레스를 받으면 방과 후에 쇼핑하러 갑니다. 어렸을 땐 엄마랑 함께 쇼핑하러 가곤 했죠. 크면서는 혼자 쇼핑하는 것이 편해졌어요. 한 달에 한 번 쇼핑하러 가요. 가면 쇼핑하는 데 두 시간 정도를 쓰죠. 예전엔 갈 때마다 십만 원 정도를 썼는데 최근에는 그보다 덜 쓰려 하고 있습니다. 저는 옷을 사기 전에 늘 입어 봐요. 그러면 사이즈를 잘못 살까 봐 걱정할 필요가 없죠.

DAY 07

1분 영어 말하기

병원 가기 Seeing a Doctor

1분 영어 말하기 : INPUT : Day 1 + Day 3 + Day 5 + Day 7 + Day 11 + Day 15 + Day 22

Out 07-1.mp3

Step 1 우리말 보면서 듣기

01 언젠가는 쇼핑 후 집에 왔는데 갑자기 너무 피곤했어요.

02 열이 나니까 엄마가 병원에 가 보라고 하셨습니다.

03 병원은 시내에 있어요.

04 저는 그 의사 선생님을 초등학교 때부터 봐왔습니다.

05 선생님 진료실에서는 마음이 편안해요.

06 저는 주사를 맞을까 봐 걱정했는데 선생님께서 주사는 놔주지 않으셨어요.

07 선생님은 집에 가서 쉬라고 하셨습니다.

08 집에 도착해서는 선생님이 처방해 주신 약을 먹고 바로 잠자리에 들었죠.

훈련한 날짜 . .

소요시간 분

강의 및 훈련 MP3

제한시간 1분 (문장당 5초 내외)

Step 2 한 문장 끊어 말하기

I came home * after shopping * one day, * but I suddenly felt * very tired.

I had a fever, * so my mom told me * to go see a doctor.

The doctor's office is * downtown.

I have been seeing him * since I was * in elementary school.

I feel comfortable * in his office.

I was worried * about getting a shot, * but he didn't give me one.

He told me * to go home * and get some rest.

When I got home, * I took the medicine * that the doctor prescribed me * and went to bed * right away.

Step 3 들으면서 따라 말하기

I ______ home ______ shopping one day, but I ______ ______ very tired. I ______ a ______, so my mom ______ me ______ go ______ a doctor. The doctor's ______ is ______. I have ______ ______ him ______ I was ______ elementary school. I ______ ______ ______ his office. I ______ ______ about ______ a ______, but he didn't ______ me one. He told me ______ ______ home and ______ some rest. When I ______ ______, I ______ the ______ that the doctor prescribed me and ______ to bed ______ away.

▶ 정답은 p.131을 확인하세요.

언젠가는 쇼핑 후 집에 왔는데 갑자기 너무 피곤했어요. 열이 나니까 엄마가 병원에 가 보라고 하셨습니다. 병원은 시내에 있어요. 저는 그 의사 선생님을 초등학교 때부터 봐왔습니다. 선생님 진료실에서는 마음이 편안해요. 저는 주사를 맞을까 봐 걱정했는데 선생님께서 주사는 놔주지 않으셨어요. 선생님은 집에 가서 쉬라고 하셨습니다. 집에 도착해서는 선생님이 처방해 주신 약을 먹고 바로 잠자리에 들었죠.

DAY 08

1분 영어 말하기

커피 Coffee

1분 영어 말하기 : INPUT : Day 1 + Day 5 + Day 9 + Day 16 + Day 19 + Day 20 + Day 22

Out 08-1.mp3

Step 1 우리말 보면서 듣기

01 주말에는 정오쯤에 점심을 먹습니다.

02 그러고 나서 동네 커피숍에 가서 커피를 한 잔 마시죠.

03 주중에는 보통 자판기 커피를 마시고 주말에는 커피숍에서 커피를 마십니다.

04 사실 혼자 커피 마시는 걸 무척 좋아해요.

05 하지만 커피를 마시고 나면 이따금 잠을 잘 못 이룰 때도 있어서 밤에는 거의 안 마시죠.

06 어젯밤에 커피를 마셨더니 잠이 안 와서 침대에서 TV를 봤습니다.

07 결국 새벽 3시쯤 돼서야 잠이 들었어요.

훈련한 날짜 . .

소요시간 분

강의 및 훈련 MP3

제한시간 1분 (문장당 5초 내외)

Step 2 한 문장 끊어 말하기

I eat lunch * at around noon * on weekends.

Then * I go to a coffee shop * in my neighborhood * and drink a cup of coffee.

I usually drink coffee * from a vending machine * during the week * and I drink coffee * at a coffee shop * on weekends.

Actually, * I love to drink coffee * alone.

However, * sometimes I can't fall asleep * after drinking coffee, * so I rarely drink coffee * at night.

I drank coffee * last night * and couldn't fall asleep, * so I watched TV * in bed.

I ended up falling asleep * at around 3 a.m.

Out 08-2.mp3

Step 3 들으면서 따라 말하기

I ________ ________ at around noon ________ ________. Then I go to a ________ ________ ________ my ________ and ________ a cup of ________. I usually drink ________ ________ a ________ machine ________ ________ ________ and I drink coffee ________ a ________ ________ ________ ________. Actually, I ________ ________ drink coffee alone. However, ________ I can't ________ asleep after ________ ________, so I ________ drink coffee ________ ________. I ________ coffee ________ ________ and couldn't ________ asleep, so I ________ ________ in ________. I ended up ________ ________ at around 3 a.m.

▶ 정답은 p.131을 확인하세요.

주말에는 정오쯤에 점심을 먹습니다. 그러고 나서 동네 커피숍에 가서 커피를 한 잔 마시죠. 주중에는 보통 자판기 커피를 마시고 주말에는 커피숍에서 커피를 마십니다. 사실 혼자 커피 마시는 걸 무척 좋아해요. 하지만 커피를 마시고 나면 이따금 잠을 잘 못 이룰 때도 있어서 밤에는 거의 안 마시죠. 어젯밤에 커피를 마셨더니 잠이 안 와서 침대에서 TV를 봤습니다. 결국 새벽 3시쯤 돼서야 잠이 들었어요.

DAY 09

1분 영어 말하기

영화 보기❶ Seeing a Movie

1분 영어 말하기 : INPUT : Day 3 + Day 4+ Day 5 + Day 8 + Day 9 + Day 10 + Day 22 + Day 23 + Day 26 + Day 27

Out 09-1.mp3

Step 1 우리말 보면서 듣기

01 오후에는 친구 Kim과 영화를 보러 갔어요.

02 사람이 많아 붐볐습니다.

03 제 옆에 앉은 사람들이 영화 보는 동안 서로 이야기를 주고받더라고요.

04 저는 영화 볼 때 이야기하는 건 정말 무례하다고 생각합니다.

05 그 사람들한테 뭐라고 말하고 싶었지만 문제를 만들고 싶지 않아서 하지 않았어요.

06 영화를 보러 가는 것은 재미있지만 이런 일이 생길 때는 싫습니다.

07 정말 상황에 따라 다릅니다.

훈련한 날짜 . .

소요시간 분

강의 및 훈련 MP3

제한시간 1분 (문장당 5초 내외)

Step 2 한 문장 끊어 말하기

I went to see a movie * with my friend Kim * in the afternoon.

It was crowded.

The people sitting next to me * were having a conversation * during the movie.

I think * talking during a movie * is very rude.

I wanted to say something * to them, * but I didn't * because I didn't want * to make any trouble.

Going to see a movie * is fun, * but I don't like it * when something like this happens.

It really depends * on the situation.

Step 3 들으면서 따라 말하기

I ________ to ________ ________ ________ with my friend Kim ________ the ________. It was ________. The people sitting ________ ________ me ________ ________ a conversation ________ the ________. I think ________ ________ a movie is very ________.

I wanted to ________ ________ to them, but I ________ because I didn't want to ________ any ________. ________ to ________ ________ ________ is ________, but I don't ________ ________ when ________ like this ________. It really ________ ________ the ________.

▶ 정답은 p.132를 확인하세요.

오후에는 친구 Kim과 영화를 보러 갔어요. 사람이 많아 붐볐습니다. 제 옆에 앉은 사람들이 영화 보는 동안 서로 이야기를 주고받더라고요. 저는 영화 볼 때 이야기하는 건 정말 무례하다고 생각합니다. 그 사람들한테 뭐라고 말하고 싶었지만 문제를 만들고 싶지 않아서 하지 않았어요. 영화를 보러 가는 것은 재미있지만 이런 일이 생길 때는 싫습니다. 정말 상황에 따라 다릅니다.

DAY 10

1분 영어 말하기

영화 보기❷ Seeing a Movie

1분 영어 말하기 : INPUT : Day 1 + Day 2 + Day 3 + Day 5 + Day 8 + Day 9 + Day 17 + Day 20 + Day 22 + Day 26 + Day 27

Out 10-1.mp3

Step 1 우리말 보면서 듣기

01 보통 한 달에 두 번 영화를 봅니다.

02 다양한 종류의 영화를 보는 편이며 제 기분에 따라 다르죠.

03 예전에는 공포 영화만 봤는데 요즘에는 액션 영화도 즐겨 봐요.

04 영화는 제게 현실 도피처가 되어 주기 때문에 영화 보는 걸 좋아합니다.

05 주말에 보통 친구들과 영화를 보죠.

06 제일 가까운 영화관은 식료품점과 약국 사이에 있어요.

07 저는 영화 볼 때 팝콘 사려고 만 원을 씁니다.

08 영화를 보고 나서는 친구들과 전 근처 식당에 가서 저녁을 먹죠.

09 친구들과 영화 보러 가는 것은 즐거워요.

훈련한 날짜 . .

소요시간 분

강의 및 훈련 MP3

제한시간 1분 (문장당 5초 내외)

Step 2 한 문장 끊어 말하기

I normally watch movies * twice a month.

I watch various kinds of movies * and it depends on my mood.

I used to watch horror movies only, * but I also enjoy action movies * nowadays.

I like watching movies * because it provides me with an escape.

I usually watch movies * with my friends * on weekends.

The closest movie theater is * between the grocery store and the pharmacy.

I spend 10,000 won * to buy popcorn * when watching a movie.

After watching a movie, * my friends and I go to a nearby restaurant * and have dinner.

It is fun * to go see a movie * with my friends.

Step 3 들으면서 따라 말하기

I ______ ______ movies ______ ______ ______. I ______ various ______ of ______ and it ______ ______ my ______. I ______ ______ ______ horror ______ only, but I also ______ action ______ nowadays. I ______ ______ movies because it provides me ______ ______ ______.

I ______ ______ movies with my ______ ______ ______. The closest movie ______ is ______ the grocery store ______ the pharmacy. I ______ 10,000 won to ______ popcorn ______ ______ a movie. After ______ a movie, my friends and I go to a ______ restaurant and ______ ______. ______ is ______ to ______ ______ a ______ with my ______.

▶ 정답은 p.132를 확인하세요.

Step 4 1분 동안 영어로 말하기

보통 한 달에 두 번 영화를 봅니다. 다양한 종류의 영화를 보는 편이며 제 기분에 따라 다르죠. 예전에는 공포 영화만 봤는데 요즘에는 액션 영화도 즐겨 봐요. 영화는 제게 현실 도피처가 되어 주기 때문에 영화 보는 걸 좋아합니다. 주말에 보통 친구들과 영화를 보죠. 제일 가까운 영화관은 식료품점과 약국 사이에 있어요. 저는 영화 볼 때 팝콘 사려고 만 원을 씁니다. 영화를 보고 나서는 친구들과 전 근처 식당에 가서 저녁을 먹죠. 친구들과 영화 보러 가는 것은 즐거워요.

DAY 11

1분 영어 말하기

서점 A Bookstore

1분 영어 말하기 : INPUT : Day 1 + Day 2 + Day 4 + Day 3 + Day 5 + Day 10 + Day 19 + Day 20 + Day 22

Out 11-1.mp3

Step 1 우리말 보면서 듣기

01 저녁식사 후 우리는 동네에 있는 서점에 갔어요.

02 저는 일주일에 두 번 이상 서점에 갑니다.

03 독서를 하면 마음이 편안해지죠.

04 서점은 우체국과 은행 사이에 있어요.

05 저는 책 한 권을 읽는 데 이틀 정도 걸립니다.

06 서점에 가면 책을 고르고 줄을 서서 기다리다 돈을 내요.

07 책에 돈을 너무 많이 쓰고 싶지 않아서 종종 서점에서 읽거나 때로는 사서 읽은 후 반품을 하기도 합니다.

훈련한 날짜 . .

소요시간 분

강의 및 훈련 MP3

제한시간 1분 (문장당 5초 내외)

Step 2 한 문장 끊어 말하기

After dinner, * we went to the bookstore * in the neighborhood.

I go to the bookstore * more than twice a week.

Reading relaxes me.

The bookstore is * between the post office and the bank.

It takes me * about two days * to finish a book.

When I am at a bookstore, * I pick a book, * wait in line, * and then pay for it.

I don't want to spend * too much money * on books, * so I often read them * at the bookstore * or sometimes I buy a book * and return it * after reading it.

Step 3 들으면서 따라 말하기

After ________, we ________ to the ________ ________ the ________.

I ________ to the ________ ________ ________ ________ a week.

Reading ________ me. The bookstore is ________ the post office

________ the bank. It ________ me about two days ________

________ a book. ________ I am ________ a bookstore, I ________

a book, ________ ________ ________, and then ________ ________

it. I don't want to ________ too much money ________ books, so I

________ read them ________ the ________ or ________ I ________ a

book and ________ it ________ ________ it.

▶ 정답은 p.133을 확인하세요.

저녁식사 후 우리는 동네에 있는 서점에 갔어요. 저는 일주일에 두 번 이상 서점에 갑니다. 독서를 하면 마음이 편안해지죠. 서점은 우체국과 은행 사이에 있어요. 저는 책 한 권을 읽는 데 이틀 정도 걸립니다. 서점에 가면 책을 고르고 줄을 서서 기다리다 돈을 내요. 책에 돈을 너무 많이 쓰고 싶지 않아서 종종 서점에서 읽거나 때로는 사서 읽은 후 반품을 하기도 합니다.

DAY 12

1분 영어 말하기

선물 사기 Buying a Gift

1분 영어 말하기 : INPUT : Day 1 + Day 2 + Day 3 + Day 10 + Day 15 + Day 16

Out 12-1.mp3

Step 1 우리말 보면서 듣기

01 지난주는 아버지 생신이었습니다.

02 생신 선물로 아버지께 넥타이를 사드리기로 했어요.

03 저는 Kim과 백화점에 갔죠.

04 괜찮은 것을 골라 신용카드로 결제했습니다.

05 집에 와서 아버지가 이미 같은 색의 넥타이를 갖고 계시다는 걸 알았어요.

06 환불받고 다른 물건을 사고 싶었는데 넥타이 구매 영수증이 없었습니다.

07 결국 색깔이 다른 넥타이로 교환할 수밖에 없었죠.

08 앞으로는 영수증을 꼭 챙겨야겠습니다.

훈련한 날짜 . .

소요시간 분

강의 및 훈련 MP3

제한시간 1분 (문장당 5초 내외)

Step 2 한 문장 끊어 말하기

It was my dad's birthday * last week.

I decided to get him a tie * for his birthday gift.

I went to a department store * with Kim.

I picked a nice one * and paid for it * with my credit card.

When I got home, * I saw * that my dad already had * the same colored tie.

I wanted to get a refund * and buy a different item, * but I didn't have the receipt * for the tie.

I could only exchange the tie * for one in a different color.

I will make sure * to keep my receipts * from now on.

Out 12-2.mp3

Step 3 들으면서 따라 말하기

______ was my dad's birthday ______ ______. I ______ to ______ him a tie ______ his birthday ______. I ______ to a ______ ______ with Kim. I ______ a nice one and ______ ______ it ______ my ______ ______. ______ I ______ ______, I ______ that my dad ______ ______ the same colored tie. I ______ to ______ a ______ and ______ a different item, but I didn't have the ______ ______ the tie. I could ______ ______ the tie ______ one ______ a different color. I will ______ ______ to ______ my receipts ______ ______ ______.

▶ 정답은 p.133을 확인하세요.

지난주는 아버지 생신이었습니다. 생신 선물로 아버지께 넥타이를 사드리기로 했어요. 저는 Kim과 백화점에 갔죠. 괜찮은 것을 골라 신용카드로 결제했습니다. 집에 와서 아버지가 이미 같은 색의 넥타이를 갖고 계시다는 걸 알았어요. 환불받고 다른 물건을 사고 싶었는데 넥타이 구매 영수증이 없었습니다. 결국 색깔이 다른 넥타이로 교환할 수밖에 없었죠. 앞으로는 영수증을 꼭 챙겨야겠습니다.

DAY 13

1분 영어 말하기

다이어트 Diet

1분 영어 말하기 : INPUT : Day 3 + Day 5 + Day 7 + Day 14 + Day 16 + Day 19 + Day 20 + Day 27

Out 13-1.mp3

Step 1 우리말 보면서 듣기

01 선물을 산 후 Kim과 해변에 갔어요.

02 보통 여름에는 한 달에 세 번 해변에 갑니다.

03 해변에 가면 스트레스가 풀리지만 해변에 가려면 저는 살을 빼야 합니다.

04 작년에는 해변에 갔다가 제 몸이 너무 뚱뚱해서 스트레스를 받았어요.

05 그때 매일 조깅하기로 결심했지만 너무 바빠서 그렇게 할 수가 없었죠.

06 올해 다시 살을 빼기로 결심했습니다.

07 살을 빼는 데 시간이 걸리기에 두 달 전에 운동을 시작했어요.

훈련한 날짜 . .

소요시간 분

강의 및 훈련 MP3

제한시간 1분 (문장당 5초 내외)

Step 2 한 문장 끊어 말하기

After buying the gift, * I went to the beach * with Kim.

I usually go to the beach * three times a month * in summer.

Going to the beach * releases my stress, * but I need to lose weight * to go to the beach.

I went to the beach * last year * and I felt stressed * because I was too fat.

At that time * I decided to jog * every day, * but I was too busy * to do that.

I decided to lose weight again * this year.

It takes time * to lose weight, * so I started to work out * two months ago.

Step 3 듣으면서 따라 말하기

After .... the gift, I .... to .... with Kim. I usually .... the .... three .... a .... in .... to the .... my stress, but I need to .... to .... to the .... I .... to the .... year and I felt .... because I was too .... I decided to jog ...., but I was .... to do that. I .... lose weight again .... It ...., so I .... to work .... two months ....

▶ 정답은 p.133을 확인하세요.

선물을 산 후 Kim과 해변에 갔어요. 보통 여름에는 한 달에 세 번 해변에 갑니다. 해변에 가면 스트레스가 풀리지만 해변에 가려면 저는 살을 빼야 합니다. 작년에는 해변에 갔다가 제 몸이 너무 뚱뚱해서 스트레스를 받았어요. 그때 매일 조깅하기로 결심했지만 너무 바빠서 그렇게 할 수가 없었죠. 올해 다시 살을 빼기로 결심했습니다. 살을 빼는 데 시간이 걸리기에 두 달 전에 운동을 시작했어요.

DAY 14

1분 영어 말하기

걷기 Walking

1분 영어 말하기 : INPUT : Day 1 + Day 4 + Day 5 + Day 11 + Day 21 + Day 22 + Day 23 + Day 27

Out 14-1.mp3

Step 1 우리말 보면서 듣기

01 조깅을 못할 때는 가능한 한 많이 걸으려고 노력해요.

02 최근에 지하철역 근처에 있는 집으로 이사했습니다.

03 학교는 집에서 세 정거장이지만 한 정거장 전에 내려서 걸으려고 해요.

04 역이랑 가까운 곳에 살기 때문에 늦게 일어날까 봐 걱정할 필요가 없어요.

05 이제 밤늦게까지 TV를 보고 자도 될 것 같습니다.

훈련한 날짜 . .

소요시간 분

강의 및 훈련 MP3

제한시간 1분 (문장당 5초 내외)

Step 2 한 문장 끊어 말하기

When I can't jog, * I try to walk * as much as possible.

I recently moved to a house * near a subway station.

My school is three stops away * from my house, * but I try to get off * one stop ahead of my school * and walk from there.

Since I live close to the station, * I don't have to worry * about waking up late.

I think * I can watch TV * until late at night * and then go to sleep.

Step 3 들으면서 따라 말하기

When I ________ ________, I ________ to walk as ________ as ________. I recently ________ ________ a house ________ a subway station. My school is ________ ________ ________ ________ my ________, but I try to ________ ________ one stop ________ ________ my ________ and ________ from there. Since I live ________ ________ the station, I ________ ________ ________ ________ ________ ________ up late. I think I can ________ ________ until ________ at ________ and then ________ to ________.

▶ 정답은 p.134를 확인하세요.

조깅을 못할 때는 가능한 한 많이 걸으려고 노력해요. 최근에 지하철역 근처에 있는 집으로 이사했습니다. 학교는 집에서 세 정거장이지만 한 정거장 전에 내려서 걸으려고 해요. 역이랑 가까운 곳에 살기 때문에 늦게 일어날까 봐 걱정할 필요가 없어요. 이제 밤늦게까지 TV를 보고 자도 될 것 같습니다.

DAY 15

1분 영어 말하기

TV 시청 Watching TV

1분 영어 말하기 : INPUT : Day 1 + Day 4 + Day 5+ Day 7 + Day 9 + Day 15 + Day 17 + Day 19 + Day 20 + Day 27

Out 15-1.mp3

Step 1 우리말 보면서 듣기

01 저는 재미로 TV를 봅니다.

02 코미디 프로그램을 좋아하는데 저를 웃게 만들기 때문이죠.

03 코미디 프로그램 덕분에 스트레스가 풀려요.

04 피곤하거나 다운된 느낌이 들 때는 TV를 보면서 벗어날 수 있죠.

05 어렸을 때는 하루에 서너 시간씩 봤는데 이제는 밥 먹을 때 봐요.

06 TV 볼 시간이 별로 없죠.

07 주로 혼자 보는데 주말에는 가족과 함께 봅니다.

훈련한 날짜 . .

소요시간 분

강의 및 훈련 MP3

제한시간 1분 (문장당 5초 내외)

Step 2 한 문장 끊어 말하기

I watch TV * for fun.

I like comedy programs * because they make me laugh.

They release my stress.

When I am tired * or feeling down, * I can escape * while watching TV.

When I was young, * I used to watch TV * for 3 or 4 hours a day, * but now * I watch TV * when I eat.

There isn't enough time * to watch TV.

I normally watch TV * alone * but I watch it * with my family * on weekends.

Out 15-2.mp3

Step 3 들으면서 따라 말하기

I ________ ________ for fun. I like ________ ________ because they ________ me ________. They ________ my ________. ________ I am ________ or feeling ________, I ________ ________ while ________ ________. ________ I ________ ________, I ________ ________ ________ TV ________ 3 or 4 hours ________ ________, but now I ________ ________ ________ I ________. ________ isn't ________ ________ to ________ TV. I ________ ________ TV ________ but I watch it with my ________ ________ ________.

▶ 정답은 p.134를 확인하세요.

저는 재미로 TV를 봅니다. 코미디 프로그램을 좋아하는데 저를 웃게 만들기 때문이죠. 코미디 프로그램 덕분에 스트레스가 풀려요. 피곤하거나 다운된 느낌이 들 때는 TV를 보면서 벗어날 수 있죠. 어렸을 때는 하루에 서너 시간씩 봤는데 이제는 밥 먹을 때 봐요. TV 볼 시간이 별로 없죠. 주로 혼자 보는데 주말에는 가족과 함께 봅니다.

DAY 16

1분 영어 말하기

독서❶ Reading

1분 영어 말하기 : INPUT : Day 1 + Day 2 + Day 4 + Day 7 + Day 8 + Day 9 + Day 20

Out 16-1.mp3

Step 1 우리말 보면서 듣기

01 제 친구 Kim은 TV를 거의 보지 않습니다.

02 그애가 그러는데 자기는 독서를 더 좋아한대요.

03 그애는 독서하면서 정보를 얻고 새로운 지식을 얻습니다.

04 그리고 초조하고 불안할 때는 독서가 마음을 편안하게 해준다고 해요.

05 또 음악을 듣는 것도 독서에 도움이 됩니다.

06 클래식 음악을 틀어놓고 독서를 하면 편안해지고 몸과 마음이 상쾌해지죠.

훈련한 날짜 . .

소요시간 분

강의 및 훈련 MP3

제한시간 1분 (문장당 5초 내외)

Step 2 한 문장 끊어 말하기

My friend Kim * hardly watches TV.

She says * she prefers reading.

When she reads, * she gets information * and gains new knowledge.

And * when she is nervous, * reading relaxes her.

Listening to music * is also helpful * when reading.

When I turn on classical music * and read, * it makes me * feel comfortable * and it refreshes * my mind and body.

Step 3 들으면서 따라 말하기

My friend Kim ________ ________ TV. She says she ________

________. ________ she ________, she ________ ________ and gains

________ ________. And ________ she is ________, reading ________

her. ________ ________ music is also ________ when reading.

________ I ________ ________ classical music and ________,

it ________ me ________ ________ and it ________ my ________ and

________.

▶ 정답은 p.134를 확인하세요.

제 친구 Kim은 TV를 거의 보지 않습니다. 그애가 그러는데 자기는 독서를 더 좋아한대요. 그애는 독서하면서 정보를 얻고 새로운 지식을 얻습니다. 그리고 초조하고 불안할 때는 독서가 마음을 편안하게 해준다고 해요. 또 음악을 듣는 것도 독서에 도움이 됩니다. 클래식 음악을 틀어놓고 독서를 하면 편안해지고 몸과 마음이 상쾌해지죠.

DAY 17

1분 영어 말하기

직장 내 스트레스 Stress at Work

1분 영어 말하기 : INPUT : Day 1 + Day 4 + Day 7 + Day 10 + Day 20 + Day 23 + Day 26

Out 17-1.mp3

Step 1 우리말 보면서 듣기

01 Kim은 직장을 옮길까 생각 중입니다.

02 하지만 자기가 뭘 하고 싶어 하는지 확신이 없죠.

03 Kim의 상사는 평소에는 좋은 사람이지만 그건 정말 그 사람 기분에 따라 달라요.

04 그 상사는 대체로 다른 사람들 이야기를 잘 들어주지만 때로는 아예 말도 하기 싫어한답니다.

05 Kim은 회사에서 스트레스를 받으면 친구들을 만나 술을 마셔요.

06 친구들과 몇 시간 동안 수다를 떨고 나면 스트레스를 푸는 데 도움이 되죠.

훈련한 날짜 . .

소요시간 분

강의 및 훈련 MP3

제한시간 1분 (문장당 5초 내외)

Step 2 한 문장 끊어 말하기

Kim is thinking * of changing jobs.

However, * she is not sure * what she wants to do.

Her boss is * usually a good person, * but it really depends on his mood.

He mostly listens to others well, * but sometimes he doesn't even want to talk.

When Kim feels stressed out * at work, * she meets up with her friends * and has a drink.

Chatting with her friends * for hours * helps release her stress.

Out 17-2.mp3

Step 3 들으면서 따라 말하기

Kim is ______ ______ ______ jobs. However, she is ______ ______ ______ she wants to do. Her boss is ______ a good ______, but ______ really ______ ______ his ______. He ______ ______ ______ others well, but ______ he ______ even ______ ______ ______. ______ Kim ______ ______ out ______ ______, she ______ up ______ her ______ and ______ a ______. ______ with her ______ ______ ______ helps ______ her stress.

▶ 정답은 p.135를 확인하세요.

Kim은 직장을 옮길까 생각 중입니다. 하지만 자기가 뭘 하고 싶어 하는지 확신이 없죠. Kim의 상사는 평소에는 좋은 사람이지만 그건 정말 그 사람 기분에 따라 달라요. 그 상사는 대체로 다른 사람들 이야기를 잘 들어주지만 때로는 아예 말도 하기 싫어한답니다. Kim은 회사에서 스트레스를 받으면 친구들을 만나 술을 마셔요. 친구들과 몇 시간 동안 수다를 떨고 나면 스트레스를 푸는 데 도움이 되죠.

DAY 18

1분 영어 말하기

스트레스 풀기 Releasing Stress

1분 영어 말하기 : INPUT : Day 2 + Day 3 + Day 4 + Day 7 + Day 8 + Day 16 + Day 17 + Day 23

Out 18-1.mp3

Step 1 우리말 보면서 듣기

01 Kim과 저는 우울할 때 놀이공원에 갑니다.

02 지난주에 Kim이 상사에게 스트레스를 받아 우리는 놀이공원에 갔어요.

03 정말 재미있었죠.

04 스트레스를 받을 때는 풀어주는 게 매우 중요하다고 생각해요.

05 저는 스트레스를 받으면 제 방을 청소합니다. 동시에 스마트폰으로 가장 좋아하는 음악을 들으면서요.

06 예전에는 MP3 플레이어로 음악을 듣곤 했지만 요즘은 MP3 플레이어를 들고 다닐 필요가 없죠.

07 휴대전화로 음악을 듣는 것이 편리합니다.

훈련한 날짜 . .

소요시간 분

강의 및 훈련 MP3

제한시간 1분 (문장당 5초 내외)

Step 2 한 문장 끊어 말하기

When Kim and I * are depressed, * we go to an amusement park.

Last week, * Kim's boss stressed her out, * so we went to an amusement park.

It was really fun.

I think * it's very important * to release stress * when you are stressed out.

When I'm stressed out, * I clean up my room, * listening to my favorite music * on my smartphone * at the same time.

I used to listen to music * on my MP3 player, * but I don't have to carry it around * nowadays.

It is convenient * to listen to music * on my phone.

Out 18-2.mp3

Step 3 들으면서 따라 말하기

When Kim and I ______ ______, we go to ______ ______ ______. ______ ______, Kim's boss ______ her ______, so we ______ to an amusement park. ______ ______ really fun. I think it's very important ______ ______ ______ when you are ______ ______. When I'm ______ ______, I ______ ______ my room, ______ ______ my favorite music ______ ______ ______ at the same time. ______ ______ ______ listen to ______ on my MP3 player, but I ______ ______ ______ carry it ______ nowadays. ______ ______ ______ to listen to music on my phone.

▶ 정답은 p.135를 확인하세요.

Kim과 저는 우울할 때 놀이공원에 갑니다. 지난주에 Kim이 상사에게 스트레스를 받아 우리는 놀이공원에 갔어요. 정말 재미있었죠. 스트레스를 받을 때는 풀어주는 게 매우 중요하다고 생각해요. 저는 스트레스를 받으면 제 방을 청소합니다. 동시에 스마트폰으로 가장 좋아하는 음악을 들으면서요. 예전에는 MP3 플레이어로 음악을 듣곤 했지만 요즘은 MP3 플레이어를 들고 다닐 필요가 없죠. 휴대전화로 음악을 듣는 것이 편리합니다.

DAY 19

1분 영어 말하기

스마트폰 활용 Using My Smartphone

1분 영어 말하기 : INPUT : Day 2 + Day 4 + Day 5 + Day 8 + Day 16 + Day 20 + Day 23

Out 19-1.mp3

Step 1 우리말 보면서 듣기

01 저는 제 스마트폰 기능을 다양하게 활용해요.

02 먼저, 스마트폰으로 음악을 듣습니다.

03 또한 이메일을 확인하기도 하고 전화걸 때에도 써요.

04 문자 메시지도 자주 보냅니다.

05 상대방이 전화를 받지 않으면 음성 메시지를 남기죠.

06 (그렇게 부재중 전화를 받고) 응답 전화를 하지 않는다면 그건 무례한 거라고 생각합니다.

07 어젯밤에 Kim과 통화하다 제가 전화를 끊어버렸어요.

08 저는 무척 졸린데 Kim이 계속 말을 해서 피곤해졌죠.

09 더 이상 참을 수가 없었습니다.

10 Kim에게 이제는 밤에 너무 늦게 전화하지 말라고 해야겠어요.

훈련한 날짜 . .

소요시간 분

강의 및 훈련 MP3

제한시간 1분 (문장당 5초 내외)

Step 2. 한 문장 끊어 말하기

I use my smartphone functions * in various ways.

First, * I listen to music * on my smartphone.

I also check my emails * and I use the phone * for making calls.

I often send text messages, too.

When a person doesn't answer the phone, * I just leave a voice mail.

I think * it is rude * if you don't return a call.

I was talking on the phone * with Kim * last night, * and I hung up on her.

I was so sleepy, * but she kept on talking * and it tired me.

I couldn't stand it * anymore.

I will tell her * not to call me * so late at night * anymore.

Out 19-2.mp3

Step 3 들으면서 따라 말하기

I use my smartphone functions ______ ______ ______. First, I listen to music ______ ______ ______. I also ______ my ______ and I ______ the phone for ______ ______. I ______ ______ ______ ______, too. ______ a person doesn't ______ the ______, I just ______ a ______ ______. I think ______ is ______ if you don't ______ ______ ______. I was ______ ______ the ______ with Kim ______ night, and I ______ ______ ______ her. I ______ so ______, but she kept on ______ and it ______ me. I ______ ______ it anymore. I will ______ her ______ ______ ______ me so ______ ______ ______ anymore.

▶ 정답은 p.136을 확인하세요.

저는 제 스마트폰 기능을 다양하게 활용해요. 먼저, 스마트폰으로 음악을 듣습니다. 또한 이메일을 확인하기도 하고 전화걸 때에도 써요. 문자 메시지도 자주 보냅니다. 상대방이 전화를 받지 않으면 음성 메시지를 남기죠. (그렇게 부재중 전화를 받고) 응답 전화를 하지 않는다면 그건 무례한 거라고 생각합니다. 어젯밤에 Kim과 통화하다 제가 전화를 끊어버렸어요. 저는 무척 졸린데 Kim이 계속 말을 해서 피곤해졌죠. 더 이상 참을 수가 없었습니다. Kim에게 이제는 밤에 너무 늦게 전화하지 말라고 해야겠어요.

DAY 20

1분 영어 말하기

콘서트 Concerts

1분 영어 말하기 : INPUT : Day 3 + Day 8 + Day 9 + Day 16 + Day 19 + Day 21 + Day 22

Out 20-1.mp3

Step 1 우리말 보면서 듣기

01 저는 음악 듣는 것을 좋아해서 콘서트 가는 것도 아주 좋아합니다.

02 마지막으로 간 콘서트는 일 년 전 제가 가장 좋아하는 밴드의 콘서트였어요.

03 콘서트장이 집에서 멀었죠.

04 거기에 가는 데 버스로 한 시간 걸렸어요.

05 우리는 콘서트장에 오후 7시에 도착했습니다.

06 콘서트장은 사람이 많아 북적거렸어요.

07 우리는 간단히 먹고 콘서트를 즐겼죠.

08 콘서트에 가는 것은 즐겁습니다.

09 그곳에서 친구들과 좋은 시간을 보낼 수 있어요.

훈련한 날짜 . .

소요시간 분

강의 및 훈련 MP3

제한시간 1분 (문장당 5초 내외)

Step 2 한 문장 끊어 말하기

I like listening to music * and I love * going to concerts.

The last concert * I went to * was a year ago * and it was my favorite band.

The concert hall was far * from my house.

It took an hour * by bus * to get there.

We arrived at the concert hall * at 7 p.m.

The concert hall was crowded.

We grabbed something to eat * and enjoyed the concert.

It is enjoyable * to go to concerts.

I can have a great time * with my friends * there.

Step 3 들으면서 따라 말하기

I like ________ ________ ________ and I ________ ________ to ________.

________ ________ concert I ________ to was a year ________ and

it was my ________ band. The concert hall was ________ ________

my ________. It ________ an hour ________ ________ to ________

________. We ________ at the ________ hall ________ 7 p.m. The

concert hall was ________. We grabbed ________ to ________ and

________ the ________. ________ is ________ to ________ ________

________. I can ________ a ________ ________ with my ________

there.

▶ 정답은 p.136을 확인하세요.

Step 4 1분 동안 영어로 말하기

저는 음악 듣는 것을 좋아해서 콘서트 가는 것도 아주 좋아합니다. 마지막으로 간 콘서트는 일 년 전 제가 가장 좋아하는 밴드의 콘서트였어요. 콘서트장이 집에서 멀었죠. 거기에 가는 데 버스로 한 시간 걸렸어요. 우리는 콘서트장에 오후 7시에 도착했습니다. 콘서트장은 사람이 많아 북적거렸어요. 우리는 간단히 먹고 콘서트를 즐겼죠. 콘서트에 가는 것은 즐겁습니다. 그곳에서 친구들과 좋은 시간을 보낼 수 있어요.

1분 영어 말하기

친구들과의 수다 Chatting with My Friends

1분 영어 말하기 : INPUT : Day 1 + Day 2 + Day 4 + Day 5 + Day 7 + Day 8 + Day 9 + Day 22

Out 21-1.mp3

Step 1 우리말 보면서 듣기

01 저는 주말에 Kim과 시간 보내는 것을 좋아합니다.

02 주중에 스트레스를 받으면 주말에 친구들과 만나죠.

03 친구들과 수다를 떠는 것은 즐거워요.

04 우리가 가는 커피숍은 식당과 미용실 사이에 있죠.

05 커피숍에 가면 저는 늘 라떼를 시킵니다.

06 커피숍에 앉아서 친구들과 수다를 떨 때 저는 마음이 편안해져요.

훈련한 날짜 . .

소요시간 분

강의 및 훈련 MP3

제한시간 1분 (문장당 5초 내외)

Step 2 한 문장 끊어 말하기

I like spending time * with Kim * on weekends.

When I am stressed out * during the week, * I get together with friends * on weekends.

It is fun * to chat with my friends.

The coffee shop * we go to * is between a restaurant and a hair salon.

When I go to the coffee shop, * I always order a latte.

I feel comfortable * when I sit * at a coffee shop * and chat with my friends.

Step 3 들으면서 따라 말하기

I like ________ ________ with Kim ________ ________. ________ I ________ ________ out ________ ________ ________, I ________ ________ with ________ ________ ________. ________ is ________ to ________ with my ________. The ________ ________ we go to is ________ a restaurant ________ a hair salon. ________ I ________ to the ________ ________, I ________ order a latte. I ________ ________ ________ I ________ ________ a coffee shop and ________ with my ________.

▶ 정답은 p.136을 확인하세요.

저는 주말에 Kim과 시간 보내는 것을 좋아합니다. 주중에 스트레스를 받으면 주말에 친구들과 만나죠. 친구들과 수다를 떠는 것은 즐거워요. 우리가 가는 커피숍은 식당과 미용실 사이에 있죠. 커피숍에 가면 저는 늘 라떼를 시킵니다. 커피숍에 앉아서 친구들과 수다를 떨 때 저는 마음이 편안해져요.

DAY 22

1분 영어 말하기

내 친구 My Friend

1분 영어 말하기 : INPUT : Day 2 + Day 5 + Day 15 + Day 17 + Day 19 + Day 20

Out 22-1.mp3

Step 1 우리말 보면서 듣기

01 전 중학교 다닐 때 친구 Kim과 처음 만났습니다.

02 우린 그때는 단짝이 아니었지만 같은 대학에 들어가고 나서 친해졌어요.

03 우리는 보통 아침 열 시에 학교에 도착했죠.

04 수업 후 우리는 점심 전에 만나서 자판기 커피를 마시곤 했습니다.

05 저는 수업 시간에 휴대전화로 음악을 듣고는 했어요.

06 반면에 Kim은 모범생이었습니다.

훈련한 날짜 . .

소요시간 분

강의 및 훈련 MP3

제한시간 1분 (문장당 5초 내외)

Step 2 한 문장 끊어 말하기

I first met my friend Kim * when I was in middle school.

We were not best friends * at that time, * but * after we got into the same college, * we became close.

We usually arrived * at school * at 10 in the morning.

After class, * we used to meet up * and drink coffee * from a vending machine * before lunch.

I used to listen to music * on my cell phone * during class.

On the other hand, * Kim was a good student.

Step 3 들으면서 따라 말하기

I ______ ______ my friend Kim ______ I ______ ______ middle school. We ______ not ______ friends ______ ______ ______, but after we ______ ______ the same ______, we became ______. We ______ ______ ______ school ______ 10 in the ______. After ______, we ______ ______ ______ up and ______ coffee ______ a ______ ______ ______ lunch. I used to ______ to ______ ______ my cell phone ______ ______. ______ the ______ hand, Kim was a ______ ______.

▶ 정답은 p.137을 확인하세요.

전 중학교 다닐 때 친구 Kim과 처음 만났습니다. 우린 그때는 단짝이 아니었지만 같은 대학에 들어가고 나서 친해졌어요. 우리는 보통 아침 열 시에 학교에 도착했죠. 수업 후 우리는 점심 전에 만나서 자판기 커피를 마시곤 했습니다. 저는 수업 시간에 휴대전화로 음악을 듣고는 했어요. 반면에 Kim은 모범생이었습니다.

DAY 23

1분 영어 말하기

취업 Getting a Job

1분 영어 말하기 : INPUT : Day 1 + Day 11 + Day 19 + Day 20 + Day 23 + Day 27 + Day 29

Out 23-1.mp3

Step 1 우리말 보면서 듣기

01 Kim의 목표와 저의 목표는 둘 다 학사 학위를 받고 나서 취업하는 것이었어요.

02 Kim은 이미 졸업해서 좋은 직장에 취업했습니다.

03 하지만 Kim은 아침 6시에 집을 나서서 밤 10시에 퇴근하죠.

04 지금 저는 제가 아직 학생이라는 사실에 만족합니다.

05 좋은 직장을 구하는 데에는 시간이 걸릴 것 같아요.

06 좋은 직장을 구하기 위해 저는 전보다 TV도 적게 보고 독서도 훨씬 더 많이 하려고 합니다.

훈련한 날짜 . .

소요시간 분

강의 및 훈련 MP3

제한시간 1분 (문장당 5초 내외)

Step 2 한 문장 끊어 말하기

Both Kim's goal and my goal * was to get a bachelor's degree * and then get a job.

Kim has already graduated * and gotten a great job.

But she leaves her house * at 6 a.m. * and leaves the office * at 10 p.m.

I am satisfied with the fact * that I am still a student now.

I think * it will take time * to get a great job.

In order to get a great job, * I watch TV * less than before * and I try to read * a lot more.

Step 3 들으면서 따라 말하기

______ Kim's ______ and my ______ was ______ ______ a bachelor's degree and than ______ a ______. Kim has ______ ______ and ______ a great ______. But she ______ her ______ ______ 6 ______ and ______ ______ ______ ______ 10 p.m. I am ______ ______ the fact that I ______ still a ______ now. I think ______ will ______ ______ to ______ a great ______. In ______ to ______ a great ______, I ______ TV ______ ______ ______ and I try to ______ ______ ______ more.

▶ 정답은 p.137을 확인하세요.

Step 4 1분 동안 영어로 말하기

Kim의 목표와 저의 목표는 둘 다 학사 학위를 받고 나서 취업하는 것이었어요. Kim은 이미 졸업해서 좋은 직장에 취업했습니다. 하지만 Kim은 아침 6시에 집을 나서서 밤 10시에 퇴근하죠. 지금 저는 제가 아직 학생이라는 사실에 만족합니다. 좋은 직장을 구하는 데에는 시간이 걸릴 것 같아요. 좋은 직장을 구하기 위해 저는 전보다 TV도 적게 보고 독서도 훨씬 더 많이 하려고 합니다.

DAY 24

1분 영어 말하기

독서❷ Reading

1분 영어 말하기 : INPUT : Day 1 + Day 2 + Day 7 + Day 10 + Day 15 + Day 16 + Day 19 + Day 22 + Day 23

Out 24-1.mp3

Step 1 우리말 보면서 듣기

01 저는 제 방에서 책을 읽습니다.

02 독서는 좋은 습관인 것 같아요.

03 독서에서 많은 교훈을 배울 수 있죠.

04 독서는 또 저를 편안하게 해줍니다.

05 어젯밤에 새로운 책을 읽기 시작했어요.

06 책을 다 끝냈을 때는 새벽 세 시였죠.

07 자고 싶었지만 잠이 들지가 않았습니다.

08 저는 TV를 켜고 가장 좋아하는 코미디 프로그램을 보았죠.

09 결국 새벽 다섯 시가 다 돼서야 잠이 들었어요.

훈련한 날짜 . .

소요시간 분

강의 및 훈련 MP3

Step 2 한 문장 끊어 말하기

I read in my room.

I think * reading is a good habit.

I can learn many lessons * from it.

It also makes me * feel comfortable.

I started to read a new book * last night.

When I finished the book, * it was 3 a.m.

I wanted to sleep, * but I just couldn't fall asleep.

I turned on the TV * and watched my favorite comedy show.

I ended up * going to bed * at almost 5 a.m.

Step 3 들으면서 따라 말하기

I ______ ______ my ______. I ______ reading ______ a good ______. I can learn many ______ from it. It also ______ me ______ ______. I ______ to ______ a new book ______ ______. ______ I ______ the book, ______ was 3 a.m. I ______ to ______, but I just couldn't ______ ______. I ______ ______ ______ TV and watched ______ ______ ______ ______. I ______ ______ going to bed at ______ ______ a.m.

▶ 정답은 p.138을 확인하세요.

Step 4 1분 동안 영어로 말하기

저는 제 방에서 책을 읽습니다. 독서는 좋은 습관인 것 같아요. 독서에서 많은 교훈을 배울 수 있죠. 독서는 또 저를 편안하게 해줍니다. 어젯밤에 새로운 책을 읽기 시작했어요. 책을 다 끝냈을 때는 새벽 세 시였죠. 자고 싶었지만 잠이 들지가 않았습니다. 저는 TV를 켜고 가장 좋아하는 코미디 프로그램을 보았죠. 결국 새벽 다섯 시가 다 돼서야 잠이 들었어요.

OUTPUT

DAY 25

1분 영어 말하기

피곤한 하루 A Tiring Day

1분 영어 말하기 : INPUT : Day 1 + Day 2 + Day 7 + Day 8 + Day 14 + Day 19 + Day 21

Out 25-1.mp3

Step 1 우리말 보면서 듣기

01 지하철역은 저희 집에서 몇 블록 떨어져 있습니다.

02 학교까지 도착하는 데 지하철로 40분이 걸리죠.

03 오늘 아침에는 너무 피곤했어요.

04 지하철은 사람들로 붐볐죠.

05 다행히도 저는 자리를 찾아서 타고 가는 내내 잠을 잤습니다.

06 수업 시간에는 너무 졸려서 참을 수가 없었어요.

07 저는 문자 메시지를 잘 보내는데 너무 피곤해서 친구에게 문자 메시지도 못 보낼 정도였죠.

08 집에 와서 잠자리에 들었습니다.

훈련한 날짜 . .

소요시간 분

강의 및 훈련 MP3

제한시간 1분 (문장당 5초 내외)

Step 2 한 문장 끊어 말하기

The subway station * is a couple of blocks away * from my house.

It takes 40 minutes * by subway * to get to school.

I was so tired * this morning.

The subway was crowded.

Luckily, * I found a seat * and slept through the whole ride.

I was so sleepy * during class * that I couldn't stand it.

I am good at texting * but I was too tired * to send text messages * to my friends.

I came back home * and went to bed.

Step 3 들으면서 따라 말하기

The subway ______ is a ______ of ______ ______ ______ my ______. It ______ 40 minutes ______ ______ to ______ ______ school. I ______ so ______ this morning. The ______ was ______. Luckily, I ______ a ______ and ______ through the whole ______. I ______ so ______ during ______ that I ______ ______ it. I am ______ ______ texting but I ______ too ______ to ______ ______ ______ to my friends. I ______ ______ ______ and ______ to ______.

▶ 정답은 p.138을 확인하세요.

지하철역은 저희 집에서 몇 블록 떨어져 있습니다. 학교까지 도착하는 데 지하철로 40분이 걸리죠. 오늘 아침에는 너무 피곤했어요. 지하철은 사람들로 붐볐죠. 다행히도 저는 자리를 찾아서 타고 가는 내내 잠을 잤습니다. 수업 시간에는 너무 졸려서 참을 수가 없었어요. 저는 문자 메시지를 잘 보내는데 너무 피곤해서 친구에게 문자 메시지도 못 보낼 정도였죠. 집에 와서 잠자리에 들었습니다.

DAY 26

1분 영어 말하기

인터넷 서핑 Surfing the Internet

1분 영어 말하기 : INPUT : Day 1 + Day 2 + Day 8 + Day 14 + Day 15 + Day 16 + Day 22 + Day 29

Out 26-1.mp3

Step 1 우리말 보면서 듣기

01 한밤중에 잠이 깼어요.

02 컴퓨터를 켜고 인터넷 서핑을 했죠.

03 저는 한밤중에 인터넷 서핑을 꽤 자주 합니다.

04 봉사활동 웹사이트를 찾아냈어요.

05 자원봉사 기회 중 하나가 장애가 있는 분들에게 밥을 해주는 일이었습니다.

06 마지막으로 요리를 한 때는 지난 주말 라면을 끓인 것이지만 저는 요리를 잘해요.

07 전 자원봉사 자리에 등록을 했고 다음 주 금요일에 시작할 것입니다.

08 장애가 있는 분들을 돕는 것은 뜻 깊은 일입니다.

훈련한 날짜 . .

소요시간 분

강의 및 훈련 MP3

제한시간 1분 (문장당 5초 내외)

Step 2 한 문장 끊어 말하기

I woke up * in the middle of the night.

I turned on the computer * and surfed the Internet.

I surf the Internet * in the middle of the night * quite often.

I found a volunteering website.

One of the volunteer opportunities * was cooking * for disabled people.

The last time I cooked * was last weekend * when I made instant noodles, * but I am good at cooking.

I signed up for the volunteer position * and I will begin * next Friday.

It is meaningful * to help people with a disability.

Out 26-2.mp3

Step 3 들으면서 따라 말하기

I ________ up ________ the ________ of the ________. I ________ ________ the computer and ________ ________ Internet. I ________ ________ Internet ________ the ________ of the ________ ________ ________. I ________ a volunteering ________. ________ of the volunteer opportunities ________ ________ for ________ people. ________ ________ ________ I ________ was ________ weekend when I ________ instant noodles, but I am ________ ________ cooking. I ________ ________ for the volunteer position and I ________ ________ next Friday. It is ________ to ________ people ________ a ________.

▶ 정답은 p.138을 확인하세요.

한밤중에 잠이 깼어요. 컴퓨터를 켜고 인터넷 서핑을 했죠. 저는 한밤중에 인터넷 서핑을 꽤 자주 합니다. 봉사활동 웹사이트를 찾아냈어요. 자원봉사 기회 중 하나가 장애가 있는 분들에게 밥을 해주는 일이었습니다. 마지막으로 요리를 한 때는 지난 주말 라면을 끓인 것이지만 저는 요리를 잘해요. 전 자원봉사 자리에 등록을 했고 다음 주 금요일에 시작할 것입니다. 장애가 있는 분들을 돕는 것은 뜻 깊은 일입니다.

DAY 27

1분 영어 말하기

나이트클럽 가기 Go Clubbing

1분 영어 말하기 : INPUT : Day 1 + Day 3 + Day 7 + Day 8 + Day 15 + Day 16 + Day 17 + Day 20

Out 27-1.mp3

Step 1 우리말 보면서 듣기

01 지난 금요일 밤에 나이트클럽에 갔어요.

02 예전에는 나이트클럽에 꽤 자주 가곤 했죠.

03 하지만 나이가 들면서 더 이상 재미있지가 않았어요.

04 예전에는 거기에 한 달에 세 번은 갔습니다.

05 친구들과 나이트클럽에 가는 것은 무척 재미있었지만 집에 오면 너무 피곤했죠.

06 요즘에는 술 한잔하면서 친구들과 수다 떠는 것이 더 즐겁습니다.

훈련한 날짜 . .

소요시간 분

강의 및 훈련 MP3

제한시간 1분 (문장당 5초 내외)

Step 2. 한 문장 끊어 말하기

I went to a club * last Friday night.

I used to go to clubs * quite often.

However, * as I got older, * it was not fun * anymore.

I used to go there * three times a month.

Clubbing with friends was * so much fun, * but when I got back home, * I was too tired.

Nowadays, * it is more fun * for me to chat with friends * while having a drink.

Step 3 들으면서 따라 말하기

I ________ to a ________ ________ Friday night. I ________ ________ ________ to clubs ________ ________. However, ________ I ________ ________, ________ was not ________ anymore. I ________ ________ go ________ ________ ________ a ________. ________ with ________ was so much ________, but ________ I ________ ________ ________, I was too ________. Nowadays, ________ is more ________ for me to ________ with ________ while ________ a ________.

▶ 정답은 p.139를 확인하세요.

지난 금요일 밤에 나이트클럽에 갔어요. 예전에는 나이트클럽에 꽤 자주 가곤 했죠. 하지만 나이가 들면서 더 이상 재미있지가 않았어요. 예전에는 거기에 한 달에 세 번은 갔습니다. 친구들과 나이트클럽에 가는 것은 무척 재미있었지만 집에 오면 너무 피곤했죠. 요즘에는 술 한잔하면서 친구들과 수다 떠는 것이 더 즐겁습니다.

DAY 28

1분 영어 말하기

친구들과의 시간 Spending Time with Friends

1분 영어 말하기 : INPUT : Day 1 + Day 5 + Day 9 + Day 10 + Day 14 + Day 19 + Day 20 + Day 26

Out 28-1.mp3

Step 1 우리말 보면서 듣기

01 요즘에는 친구들과 어울려 다닐 시간이 별로 없습니다.

02 다들 스케줄이 빡빡해서 우리는 주중이나 주말에 한 번 만나죠.

03 우리는 보통 커피숍에 가거나 술을 마셔요.

04 저는 말하는 것을 그렇게 좋아하지는 않지만 남의 이야기는 잘 들어줍니다.

05 하지만 그건 사람에 따라 다르죠.

06 자기 이야기만 하는 사람의 말은 들어주고 싶지 않습니다.

훈련한 날짜 . .

소요시간 분

강의 및 훈련 MP3

제한시간 1분 (문장당 5초 내외)

Step 2 한 문장 끊어 말하기

These days, * there isn't enough time * to hang out with my friends.

Everyone's schedule is tight, * so we meet up * once during the week * or on weekends.

We normally go to a coffee shop * or have a drink.

I don't love talking, * but I am a good listener.

However, * it depends on the person.

I don't want to listen to a person * who only talks about themselves.

Out 28-2.mp3

Step 3 들으면서 따라 말하기

______ ______, there isn't ______ ______ to ______ ______ with my ______. Everyone's ______ is ______, so we meet up ______ ______ ______ ______ or ______ ______. We ______ ______ ______ a ______ ______ or ______ a ______. I don't ______ ______, but I ______ a good ______. However, it ______ ______ the ______. I don't want to ______ ______ a person who only ______ ______ themselves.

▶ 정답은 p.139를 확인하세요.

요즘에는 친구들과 어울려 다닐 시간이 별로 없습니다. 다들 스케줄이 빡빡해서 우리는 주중이나 주말에 한 번 만나죠. 우리는 보통 커피숍에 가거나 술을 마셔요. 저는 말하는 것을 그렇게 좋아하지는 않지만 남의 이야기는 잘 들어줍니다. 하지만 그건 사람에 따라 다르죠. 자기 이야기만 하는 사람의 말은 들어주고 싶지 않습니다.

DAY 29

1분 영어 말하기

친구의 생일 My Friend's Birthday

1분 영어 말하기 : INPUT : Day 2 + Day 11 + Day 16 + Day 21 + Day 22

Out 29-1.mp3

Step 1 우리말 보면서 듣기

01 어제는 Kim의 생일이었어요.

02 우리는 동네에 있는 식당에서 생일 파티를 했죠.

03 식당은 우리 집에서 걸어서 10분입니다.

04 저는 Kim에게 생일 선물로 향초를 줬어요.

05 Kim은 선물에 만족해했습니다.

06 저 역시 제 선택에 만족했죠.

07 우리는 세 시간 정도를 그 식당에서 보냈습니다.

08 즐거운 시간을 보냈죠.

훈련한 날짜 . .

소요시간 분

강의 및 훈련 MP3

제한시간 1분 (문장당 5초 내외)

Step 2 한 문장 끊어 말하기

It was Kim's birthday * yesterday.

We had a birthday party * at a restaurant * in the neighborhood.

The restaurant is a 10-minute walk * from my house.

I gave Kim a scented candle * for her birthday present.

She was satisfied * with the present.

I was also satisfied * with my choice.

We spent about three hours * at the restaurant.

We had a great time.

Step 3 들으면서 따라 말하기

__________ was Kim's birthday __________. We __________ a birthday __________ __________ a __________ __________ the __________. The restaurant is __________ 10-minute __________ __________ my __________. I __________ Kim a scented candle __________ her __________ __________. She was __________ __________ the __________. I was also __________ __________ my __________. We __________ __________ three hours __________ the __________. We __________ a __________ __________.

▶ 정답은 p.139를 확인하세요.

Step 4 1분 동안 영어로 말하기

어제는 Kim의 생일이었어요. 우리는 동네에 있는 식당에서 생일 파티를 했죠. 식당은 우리 집에서 걸어서 10분입니다. 저는 Kim에게 생일 선물로 향초를 줬어요. Kim은 선물에 만족해했습니다. 저 역시 제 선택에 만족했죠. 우리는 세 시간 정도를 그 식당에서 보냈습니다. 즐거운 시간을 보냈죠.

DAY 30

1분 영어 말하기

친구와의 대화 A Conversation with a Friend

1분 영어 말하기 : INPUT : Day 1 + Day 5 + Day 7 + Day 8 + Day 15 + Day 19 + Day 22

Out 30-1.mp3

Step 1 우리말 보면서 듣기

01 집에 오는 길에 Kim과 저는 Kim의 집 뒤에 있는 공원에 갔습니다.

02 우리는 벤치에 앉아 대화를 나눴죠.

03 저는 조금 피곤했지만 Kim의 얘기를 들어줬습니다.

04 Kim은 직장 상사와의 문제에 관해 얘기했어요.

05 전 Kim에게 이런 류의 문제를 해결하는 것은 복잡하지만 시간이 그리 많이 걸리진 않을 거라고 말해 줬습니다.

06 집에 왔을 때는 밤 11시 반이었죠.

07 전 잘 준비를 하고 자정에 잠이 들었어요.

훈련한 날짜 . .

소요시간 분

강의 및 훈련 MP3

제한시간 1분 (문장당 5초 내외)

Step 2 한 문장 끊어 말하기

On the way back home, * Kim and I went to the park * that is behind her house.

We sat on a bench * and had a talk.

I was a bit tired, * but I listened to Kim.

She talked about some issues * with her boss.

I told her * that it is complicated * to solve these types of problems, * but it wouldn't take too much time.

When I got home, * it was 11:30 p.m.

I got ready for bed * and went to sleep * at midnight.

Step 3 들으면서 따라 말하기

On the way ______ ______, Kim and I ______ ______ the ______ that is ______ her house. We ______ ______ a ______ and ______ a ______. I ______ a bit ______, but I ______ ______ Kim. She ______ ______ some issues ______ her ______. I ______ her that it is ______ to ______ these types of ______, but it ______ ______ too much ______. ______ I ______ ______, ______ was 11:30 ______. I ______ ______ for bed and ______ to ______ ______ midnight.

▶ 정답은 p.140을 확인하세요.

집에 오는 길에 Kim과 저는 Kim의 집 뒤에 있는 공원에 갔습니다. 우리는 벤치에 앉아 대화를 나눴죠. 저는 조금 피곤했지만 Kim의 얘기를 들어 줬습니다. Kim은 직장 상사와의 문제에 관해 얘기했어요. 전 Kim에게 이런 류의 문제를 해결하는 것은 복잡하지만 시간이 그리 많이 걸리진 않을 거라고 말해 줬습니다. 집에 왔을 때는 밤 11시 반이었죠. 전 잘 준비를 하고 자정에 잠이 들었어요.

{ OUTPUT }

스크립트와 표현 정리

Check the Scripts & Useful Expressions

OUTPUT 파트의 DAY별 훈련 Step 1 ~ Step 4에 해당하는 1분 영어 말하기 스크립트와 표현 해설입니다. STEP 3(들으면서 따라 말하기) 빈칸에 들어갈 표현들은 스크립트에 밑줄로 표시했습니다. 헷갈리거나 막히는 표현은 없었는지 확인해 보세요.

| DAY 01 | 조깅 Jogging p.10

I jog **in** the park **early in** the **morning**. The park is **behind** my **house**. I **started to jog** a year **ago**. I **did it** to **lose weight**, but now I do it **for my health**. When I **first started jogging**, I used to feel **tired**. Now I feel **more tired** if I **don't jog**. I jog **for** an hour a **day**. It makes me **feel refreshed**. I don't like **working** out **at** a **gym** because I need **fresh air** when **I exercise**. Jogging **refreshes** my **mind** and **body**.

□ jog 조깅하다 □ park 공원 □ start to do = start -ing ~하기 시작하다 □ lose weight 살을 빼다 □ used to do (예전에는) ~하곤 했다 ▸지금은 그렇지 않다는 의미가 내포된 표현입니다. □ work out 운동하다

| DAY 02 | 우리 동네 My Neighborhood p.14

There is a park **in** my **neighborhood**. It is **close to** my house **and** a **10-minute walk from** my house. I **go to** the **park** to **take** a **walk every** evening. I go **during the week** because it's too **crowded on weekends**. The library is **next to** the park. **There** is a parking lot **in front** of the library. It is **convenient to park** my car there. The grocery store is a **couple** of **blocks away from** the library. I **park** my car **at** the **library** and **go** grocery **shopping**. Then I **don't have to worry about** getting a parking ticket.

□ park 공원, (차를) 세우다, 주차하다 ▸park는 '공원'이란 뜻의 명사로도 쓰이고, '주차하다'란 뜻의 동사로도 쓰입니다. □ neighborhood 동네 □ be close to + 장소 ~에 가깝다 □ a 10-minute walk from A A에서 걸어서 10분 거리 □ take a walk 산책하다 □ on weekends 주말마다 (= every weekend) ▸on을 쓸 경우엔 복수형인 weekends를 붙이고, every를 쓸 경우엔 단수형 weekend를 붙인다는 점에 주의하세요. □ next to + 장소 ~옆에 □ parking lot 주차장 □ grocery store 식료품점 □ I don't have to worry about ~ ~에 대해 걱정할 필요가 없다 ▸〈don't have to do〉는 '~할 필요가 없다'는 의미이죠. □ parking ticket 주차 위반 딱지

| DAY 03 | 장보기 Grocery Shopping p.18

I **went** grocery **shopping** yesterday. The store was **crowded** because **it was** Saturday. I **felt exhausted** because **there were** too many **people in** the store. I was **standing in line** to **pay for** the groceries **for a long** time. **Going** grocery **shopping** on weekends **is** my **least favorite** thing. It is **frustrating to wait in** a long **line**. It **took** me an hour **just to purchase** a few **necessities**.

☐ exhausted 녹초가 된, 지친 ☐ in line 줄 서서 ☐ pay for ~에 대한 값을 지불하다, 계산하다 ☐ A is my least favorite thing. A는 내가 가장 싫어하는 일이다. ☐ frustrating 짜증나게 하는 ☐ It takes me + 시간 + (just) to do (고작) ~하는 데 시간이 … 걸리다 ☐ necessity 필요한 것, 필수품

| DAY 04 | 글쓰기 Writing p.22

I **returned home** after grocery **shopping**. I felt **exhausted**, so I **wanted to** have some quiet time **alone**. My hobby is **writing**. I **used to read** a lot **when** I was **young**. **As** I **grew** up, I **started** to prefer **writing**. **It** is also a good way **to kill** some time. I write **for about** three hours **once** a **week**. Writing **makes** me **feel relaxed**. **When** I **write**, it **releases** my **stress**. I **sometimes** write **while listening** to music. My goal is **to publish** a book in the future.

☐ grocery 식품 ☐ exhausted 완전히 지친 ☐ alone 혼자서 ▸이 단어에는 '외로운'이란 의미는 없습니다. '외로운'은 lonesome이나 lonely를 사용하죠. ☐ as I grew up 내가 자라면서 ☐ prefer ~을 더 좋아하다 ▸여기서는 뒤에 to reading(읽기보다)이 생략되어 있습니다. ☐ release one's stress 자신의 스트레스를 해소시켜주다 ☐ publish 출판하다

| DAY 05 | 집안일과 시험 Housework & Exams p.26

After **writing for** about two hours, I **helped** my mom **with** the house chores. My **favorite** housework is **dishwashing**, but my **least favorite** house chore is **taking** out the **garbage**. It **smells** so bad. After **taking** out the **garbage**, I **turned on** the TV. I **sat down** and **watched** some **shows for** about three **hours**. I realized that I **had** an **exam** the next day. I was **worried about failing** the exam. I **studied** until 3 a.m. I **took** the exam today and I am **satisfied with** how **I did**. I think I am **good at** memorization.

☐ help A with B B를 해서 A를 돕다 ☐ house chores 집안일 ☐ favorite 제일 좋아하는 ☐ dishwashing 설거지 ☐ garbage (음식) 쓰레기 ☐ take out the garbage 쓰레기를 집밖으로 내놓다 ☐ turn on (TV 등을) 켜다 ☐ show (TV나 라디오 등의) 프로 ☐ exam 시험 (examination의 축약어) ☐ be good at ~에 능숙하다, 잘하다 ☐ memorization 암기, 외우기

| DAY 06 | 쇼핑 Shopping p.30

After **taking** the **exam**, I **went shopping** to **release** some **stress**. When I **feel stressed during** the **week**, I **go shopping after** school. **When** I was **young**, I **used to go** shopping **with** my mom. **As** I **grew** up, I **felt comfortable** shopping **alone**. I go shopping **once a month**. **When** I **go**, I **spend about** two hours shopping. I **used to spend about** 100,000 won each time, but **recently** I've been trying to spend **less than that**. I always **try** clothes **on** before I **buy** them. Then I **don't have to worry about buying** the wrong size.

☐ take an exam 시험을 치르다 ☐ go shopping 쇼핑하러 가다 ☐ feel stressed 스트레스를 느끼다 ☐ after school 방과 후에 ☐ once a month 한 달에 한 번 ▸여기서 a는 '하나'라기 보다는 '무엇 당'의 의미죠. ☐ try on (옷을) 입어보다, (신발을) 신어보다, (장갑을) 껴보다 ▸옷가게, 신발가게, 안경가게 등에서 물건을 한번 착용해본다고 할 때 쓰이는 표현입니다.

| DAY 07 | 병원 가기 Seeing a Doctor p.34

I **came** home **after** shopping one day, but I **suddenly felt** very tired. I **had** a **fever**, so my mom **told** me **to** go **see** a doctor. The doctor's **office** is **downtown**. I have **been seeing** him **since** I was **in** elementary school. I **feel comfortable in** his office. I **was worried** about **getting** a **shot**, but he didn't **give** me one. He told me **to go** home and **get** some rest. When I **got home**, I **took** the **medicine** that the doctor prescribed me and **went** to bed **right** away.

☐ have a fever 열이 나다 ☐ go see a doctor 병원에 가서 의사의 진찰을 받다 ☐ downtown 시내에 ▸여기서는 부사로 쓰인 것이기 때문에 앞에 장소를 나타내는 전치사가 없습니다. ☐ elementary school 초등학교 ☐ get a shot 주사를 맞다 ☐ get home 집에 도착하다 ☐ take the medicine 약을 복용하다 ☐ prescribe (약을) 처방하다 ☐ go to bed 잠자리에 들다 ▸'잠이 든다'는 뜻의 go to sleep이나 fall asleep과는 다른 의미죠. ☐ right away 즉시, 곧장

| DAY 08 | 커피 Coffee p.38

I **eat lunch** at around noon **on weekends**. Then I go to a **coffee shop in** my **neighborhood** and **drink** a cup of **coffee**. I usually drink **coffee from** a **vending** machine **during the week** and I drink coffee **at** a **coffee shop on weekends**. Actually, I **love to** drink coffee alone. However, **sometimes** I can't **fall** asleep after **drinking coffee**, so I **rarely** drink coffee **at night**. I **drank** coffee **last night** and couldn't **fall** asleep, so I **watched TV** in **bed**. I ended up **falling asleep** at around 3 a.m.

☐ at around noon 정오쯤에 ▸여기서 around는 '약, 대략'이란 의미입니다. ☐ neighborhood 동네 ☐ vending machine 자판기 ☐ during the week 주중에 ☐ on weekends 주말에 ☐ actually 사실은 ☐ fall asleep 잠들다 ☐ rarely 거의 ~하지 않는 ☐ end up -ing 결국 ~하게 되다

| DAY 09 | 영화 보기 ❶ Seeing a Movie p.42

I **went** to **see a movie** with my friend Kim **in** the **afternoon**. It was **crowded**. The people sitting **next to** me **were having** a conversation **during** the **movie**. I think **talking during** a movie is very **rude**. I wanted to **say something** to them, but I **didn't** because I didn't want to **make** any **trouble**. **Going** to **see a movie** is **fun**, but I don't **like it** when **something** like this **happens**. It really **depends on** the **situation**.

☐ go to see a movie 영화를 보러 가다 ☐ in the afternoon 오후에 ▸전치사 in을 사용하는 것에 주의하세요. ☐ have a conversation 대화하다 ☐ rude 무례한 ☐ don't want to make any trouble 조금이라도 말썽을 일으키고 싶지 않다 ☐ depend on the situation 상황에 따라 다르다

| DAY 10 | 영화 보기 ❷ Seeing a Movie p.46

I **normally watch** movies **twice a month**. I **watch** various **kinds** of **movies** and it **depends on** my **mood**. I **used to watch** horror **movies** only, but I also **enjoy** action **movies** nowadays. I **like watching** movies because it provides me **with an escape**. I **usually watch** movies with my **friends on weekends**. The closest movie **theater** is **between** the grocery store **and** the pharmacy. I **spend** 10,000 won to **buy** popcorn **when** watching a movie. After **watching** a movie, my friends and I go to a **nearby** restaurant and **have dinner**. **It** is **fun** to **go see** a **movie** with my **friends**.

☐ normally 보통 때는, 평상시에는 ☐ twice a month 한 달에 두 번 ☐ various 다양한 ☐ depend on one's mood 자신의 기분에 따라 다르다 ☐ horror movie 공포 영화 ☐ action movie 액션 영화 ☐ escape 도피, 현실 도피 ☐ movie theater 영화관 ☐ grocery store 식료품점 ☐ pharmacy 약국 ☐ nearby 근처의

| DAY 11 | 서점 A Bookstore p.50

After **dinner**, we **went** to the **bookstore in** the **neighborhood**. I **go** to the **bookstore more than twice** a week. Reading **relaxes** me. The bookstore is **between** the post office **and** the bank. It **takes** me about two days **to finish** a book. **When** I am **at** a bookstore, I **pick** a book, **wait in line**, and then **pay for** it. I don't want to **spend** too much money **on** books, so I **often** read them **at** the **bookstore** or **sometimes** I **buy** a book and **return** it **after reading** it.

□ twice a week 1주일에 두 번 □ relax 긴장을 풀어주고 느긋하게 해주다 □ It takes + 사람 + 시간 + to do 누가 ~하는 데에 시간이 얼마 걸리다 □ finish a book 책을 한 권 다 읽다 □ pick 집다, 고르다 □ wait in line 줄에 서서 기다리다 □ return 반품하다

| DAY 12 | 선물 사기 Buying a Gift p.54

It was my dad's birthday **last week**. I **decided** to **get** him a tie **for** his birthday **gift**. I **went** to a **department store** with Kim. I **picked** a nice one and **paid for** it **with** my **credit card**. **When** I **got home**, I **saw** that my dad **already had** the same colored tie. I **wanted** to **get** a **refund** and **buy** a different item, but I didn't have the **receipt for** the tie. I could **only exchange** the tie **for** one **in** a different color. I will **make sure** to **keep** my receipts **from now on**.

□ get + 사람 + 물건 누구에게 무엇을 사주다 □ birthday gift 생일선물 □ department store 백화점 □ pay for something with one's credit card 무엇에 대한 비용을 신용카드로 지불하다 □ get home 집에 도착하다 □ get a refund 환불을 받다 □ receipt 영수증 □ exchange A for B A를 B로 교환하다 □ make sure to do 반드시 ~하도록 하다

| DAY 13 | 다이어트 Diet p.58

After **buying** the gift, I **went** to **the beach** with Kim. I usually **go to** the **beach** three **times** a **month** in **summer**. **Going** to the **beach releases** my stress, but I need to **lose weight** to **go** to the **beach**. I **went** to the **beach last** year and I felt **stressed** because I was too **fat**. **At that time** I decided to jog **every day**, but I was **too busy** to do that. I **decided to** lose weight again **this year**. It **takes time to lose weight**, so I **started** to work **out** two months **ago**.

☐ go to the beach 해변에 가다 ▸해변에 간다고 할 때는 습관적으로 beach 앞에 정관사 the를 붙여 씁니다. ☐ three times a month 1달에 세 번 ☐ at that time 그때에 ☐ decide to do ~하려고 결심하다 ☐ too + 형용사 + to do 너무 ~해서 무엇을 할 수 없는 ☐ It takes time to do ~하는 데는 시간이 걸린다 ☐ work out 운동하다

| DAY 14 | 걷기 Walking p.62

When I **can't jog**, I **try** to walk as **much** as **possible**. I recently **moved to** a house **near** a subway station. My school is **three stops away from** my **house**, but I try to **get off** one stop **ahead of** my **school** and **walk** from there. Since I live **close to** the station, I **don't have to worry about waking** up late. I think I can **watch TV** until **late** at **night** and then **go** to **sleep**.

☐ as much as possible 될 수 있는 한 많이 ☐ move to ~로 이사 가다 ☐ subway station 지하철 역 ☐ stop 정거장 ☐ three stops away from ~에서 세 정거장 떨어진 ☐ get off (지하철, 버스 등에서) 내리다 ☐ don't have to do ~할 필요가 없다 ☐ worry about -ing ~할까 봐 걱정하다

| DAY 15 | TV 시청 Watching TV p.66

I **watch TV** for fun. I like **comedy programs** because they **make** me **laugh**. They **release** my **stress**. **When** I am **tired** or feeling **down**, I **can escape** while **watching TV**. **When** I **was young**, I **used to watch** TV **for** 3 or 4 hours **a day**, but now I **watch TV when** I **eat**. **There** isn't **enough time** to **watch** TV. I **normally watch** TV **alone**, but I watch it with my **family on weekends**.

☐ for fun 재미로, 재미 삼아 ☐ make someone laugh 누구를 웃게 하다, 웃기다 ☐ feel down 우울한 기분이 들다 ☐ escape 도피하다, 벗어나다 ☐ 3 or 4 hours a day 하루에 서너 시간 ☐ There isn't enough time to do ~할 시간이 충분하지 않다

| DAY 16 | 독서❶ Reading p.70

My friend Kim **hardly watches** TV. She says she **prefers reading**. **When** she **reads**, she **gets information** and gains **new knowledge**. And **when** she is **nervous**, reading **relaxes** her. **Listening to** music is also **helpful** when reading. **When** I **turn on** classical music and **read**, it **makes** me **feel comfortable** and it **refreshes** my **mind** and **body**.

☐ hardly 거의 ~하지 않는 ☐ get information 정보를 얻다 ▸information은 불가산명사이므로 -s를 붙이지 않습니다. ☐ nervous 불안한, 초조한 ☐ helpful 도움이 되는 ☐ classical music 고전음악, 클래식 ▸영어로는 classic music이라고 하지 않고, classical music이라고 합니다. ☐ refresh 상쾌하게 하다 ☐ mind and body 심신(心身)

DAY 17 | 직장 내 스트레스 Stress at Work p.74

Kim is **thinking of changing** jobs. However, she is **not sure what** she wants to do. Her boss is **usually** a good **person**, but **it** really **depends on** his **mood**. He **mostly listens to** others well, but **sometimes** he **doesn't** even **want to talk**. **When** Kim **feels stressed** out **at work**, she **meets** up **with** her **friends** and **has** a **drink**. **Chatting** with her **friends for hours** helps **release** her stress.

☐ change jobs 직장을 옮기다 ☐ boss 상사 ▸'사장', '부장', '팀장' 등의 의미로 모두 사용됩니다. ☐ depend on one's mood 자신의 기분에 따라 다르다 ☐ stressed out 몹시 스트레스를 받는 ▸stressed에 out을 붙이면 stressed를 강조하게 됩니다. ☐ meet up with ~를 만나다 ▸meet with와 같은 말인데, 미국인들은 meet with보다 meet up with를 많이 쓰는 경향이 있습니다.

DAY 18 | 스트레스 풀기 Releasing Stress p.78

When Kim and I **are depressed**, we go to **an amusement park**. **Last week**, Kim's boss **stressed** her **out**, so we **went** to an amusement park. **It was** really fun. I think it's very important **to release stress** when you are **stressed out**. When I'm **stressed out**, I **clean up** my room, **listening to** my favorite music **on my smartphone** at the same time. **I used to** listen to **music** on my MP3 player, but I **don't have to** carry it **around** nowadays. **It is convenient** to listen to music on my phone.

☐ be depressed 우울하다 ☐ amusement park 놀이공원 ☐ stress A out A에게 스트레스를 주다 ☐ be stressed out 몹시 스트레스를 받다 ☐ on one's smartphone 자신의 스마트폰으로 ☐ at the same time 동시에 ☐ carry around 가지고 다니다 ☐ nowadays 요즘에는

DAY 19 | 스마트폰 활용 Using My Smartphone p.82

I use my smartphone functions **in various ways**. First, I listen to music **on my smartphone**. I also **check** my **emails** and I **use** the phone for **making calls**. I **often send text messages**, too. **When** a person doesn't **answer** the **phone**, I just **leave** a **voice mail**. I think **it** is **rude** if you don't **return a call**. I was **talking on** the **phone** with Kim **last** night, and I **hung up on** her. I **was** so **sleepy**, but she kept on **talking** and it **tired** me. I **couldn't stand** it anymore. I will **tell** her **not to call** me so **late at night** anymore.

☐ function 기능 ☐ in various ways 다양한 방법으로 ☐ make a call 전화를 걸다 ☐ send a text message 문자를 보내다 ☐ leave a voice mail 음성 메시지를 남기다 ☐ rude 무례한 ☐ return a call 걸려 온 전화에 회신하려고 전화하다 ☐ hang up on 통화 중에 ~의 전화를 끊어버리다 ☐ sleepy 졸린 ☐ keep on -ing 계속해서 ~하다 ☐ can't stand ~을 참을 수 없다

DAY 20 | 콘서트 Concerts p.86

I like **listening to music** and I **love going** to **concerts**. **The last** concert I **went** to was a year **ago** and it was my **favorite** band. The concert hall was **far from** my **house**. It **took** an hour **by bus** to **get there**. We **arrived** at the **concert** hall **at** 7 p.m. The concert hall was **crowded**. We grabbed **something** to **eat** and **enjoyed** the **concert**. **It** is **enjoyable** to **go to concerts**. I can **have** a **great time** with my **friends** there.

☐ the last concert I went to 내가 간 마지막 콘서트 ☐ favorite 제일 좋아하는 ☐ be far from ~에서 멀다 ☐ It takes + 시간 + by 교통수단 + to get there 거기에 ~를 타고 가는 데는 시간이 얼마 걸린다 ☐ grab 간단히 ~을 때우다 ☐ grab something to eat 간단히 먹다 ☐ have a great time 즐거운 시간을 보내다

DAY 21 | 친구들과의 수다 Chatting with My Friends p.90

I like **spending time** with Kim **on weekends**. **When** I **am stressed** out **during the week**, I **get together** with **friends on weekends**. **It** is **fun** to **chat** with my **friends**. The **coffee shop** we go to is **between** a restaurant **and** a hair salon. **When** I **go** to the **coffee shop**, I **always** order a latte. I **feel comfortable when** I **sit at** a coffee shop and **chat** with my **friends**.

☐ spend time with ~와 시간을 보내다 ☐ be stressed out 스트레스를 심하게 받다 ☐ during the week 주중에 ☐ get together with ~와 만나다 ☐ It is fun to do ~하는 것은 재미있다 ☐ chat with ~와 수다를 떨다 ☐ hair salon 미용실 ☐ order 주문하다 ☐ latte[lǽtei, lá:tei] 뜨거운 우유를 탄 커피

| DAY 22 | 내 친구 My Friend

p.94

I **first met** my friend Kim **when** I **was in** middle school. We **were** not **best** friends **at that time**, but after we **got into** the same **college**, we became **close**. We **usually arrived at** school **at** 10 in the **morning**. After **class**, we **used to meet** up and **drink** coffee **from** a **vending machine before** lunch. I used to **listen** to **music on** my cell phone **during class**. **On** the **other** hand, Kim was a **good student**.

☐ middle school 중학교 ☐ get into + 학교 ~에 들어가다, 입학하다 ☐ become close 친해지다, 가까워지다 ☐ meet up 만나다 ☐ drink coffee from a vending machine 자판기에서 커피를 뽑아 마시다 ☐ during class 수업 중에 ☐ on the other hand 반면에 ☐ good student 착실한 학생

| DAY 23 | 취업 Getting a Job

p.98

Both Kim's **goal** and my **goal** was **to get** a bachelor's degree and then **get** a **job**. Kim has **already graduated** and **gotten** a great **job**. But she **leaves** her **house at** 6 **a.m.** and **leaves the office at** 10 p.m. I am **satisfied with** the fact that I **am** still a **student** now. I think **it** will **take time** to **get** a great **job**. In **order** to **get** a great **job**, I **watch** TV **less than before** and I try to **read a lot** more.

☐ Both Kim's goal and my goal was ~ Kim의 목표와 나의 목표는 둘 다 ~이다 ▸both A and B가 주어로 쓰일 때는 동사가 무조건 복수형이 되어야 할 것 같지만, 이처럼 both A and B 덩어리가 하나의 개념으로 인식될 때는 단수동사를 쓰기도 합니다. 여기서는 Kim의 목표든 나의 목표든 목표는 하나이기 때문에 동사는 was를 쓴 것이죠. 무엇이든 하나일 때는 그냥 단수를 쓰는 것이 당연해요.
☐ bachelor's degree 학사 학위 ☐ get a job 취업하다 ☐ graduate 졸업하다 ☐ be satisfied with ~에 만족하다 ☐ It will take time to do ~하는 데는 시간이 걸릴 것이다 ☐ get a great job 괜찮은 직장을 잡다

| DAY 24 | 독서❷ Reading p.102

I **read in** my **room**. I **think** reading **is** a good **habit**. I can learn many **lessons** from it. It also **makes** me **feel comfortable**. I **started** to **read** a new book **last night**. **When** I **finished** the book, **it** was 3 a.m. I **wanted** to **sleep**, but I just couldn't **fall asleep**. I **turned on the** TV and watched **my favorite comedy show**. I **ended up** going to bed at **almost 5** a.m.

□ good habit 좋은 습관 □ lesson 교훈 □ fall asleep 잠이 들다 □ turn on the TV 텔레비전을 켜다 □ comedy show 코미디 프로 □ go to bed 잠자리에 들다 □ at almost 5 a.m. 거의 새벽 다섯 시가 다 되어서야

| DAY 25 | 피곤한 하루 A Tiring Day p.106

The subway **station** is a **couple** of **blocks away from** my **house**. It **takes** 40 minutes **by subway** to **get to** school. I **was** so **tired** this morning. The **subway** was **crowded**. Luckily, I **found** a **seat** and **slept** through the whole **ride**. I **was** so **sleepy** during **class** that I **couldn't stand** it. I am **good at** texting, but I **was** too **tired** to **send text messages** to my friends. I **came back home** and **went** to **bed**.

□ subway station 지하철 역 □ be a couple blocks away from ~에서 두세 블록 떨어진 곳에 있다 □ It takes + 시간 + by subway to get to + 장소명사 ~까지 지하철로 가는 데에 시간이 얼마 걸린다 □ through the whole ride 타고 가는 내내 □ sleepy 졸린

| DAY 26 | 인터넷 서핑 Surfing the Internet p.110

I **woke** up **in** the **middle** of the **night**. I **turned on** the computer and **surfed the** Internet. I **surf the** Internet **in** the **middle** of the **night quite often**. I **found** a volunteering **website**. **One** of the volunteer opportunities **was cooking** for **disabled** people. **The last time** I **cooked** was **last** weekend when I **made** instant noodles, but I am **good at** cooking. I **signed up** for the volunteer position and I **will begin** next Friday. It is **meaningful** to **help** people **with** a **disability**.

☐ wake up 잠에서 깨다 ▸wake - woke - waken ☐ in the middle of the night 한밤중에 ☐ surf the Internet 인터넷을 서핑하다 ▸특별한 경우가 아닌 한 Internet 앞에는 일반적으로 정관사 the를 붙여 씁니다. ☐ quite often 상당히 자주 ☐ volunteering 자원봉사의 ☐ volunteer 자원봉사자 ☐ opportunity 기회 ☐ disabled people 장애인 ☐ instant noodles 라면 ☐ sign up for ~에 지원하다 ☐ with a disability 장애를 가진

| DAY 27 | 나이트클럽 가기 Go Clubbing p.114

I **went** to a **club last** Friday night. I **used to go** to clubs **quite often**. However, **as** I **got older**, **it** was not **fun** anymore. I **used to** go **there three times** a **month**. **Clubbing** with **friends** was so much **fun**, but **when** I **got back home**, I was too **tired**. Nowadays, **it** is more **fun** for me to **chat** with **friends** while **having** a **drink**.

☐ go to a club 나이트 클럽에 가다 ☐ not ~ anymore 더 이상 ~이 아닌 ☐ club with ~와 클럽에 같이 가다 ☐ get back home 집에 돌아오다 ☐ nowadays 요즘에는 ☐ chat with ~와 수다를 떨다 ☐ have a drink 술 한잔하다

| DAY 28 | 친구들과의 시간 Spending Time with Friends p.118

These days, there isn't **enough time** to **hang out** with my **friends**. Everyone's **schedule** is **tight**, so we meet up **once during the week** or **on weekends**. We **normally go to** a **coffee shop** or **have** a **drink**. I don't **love talking**, but I **am** a good **listener**. However, it **depends on** the **person**. I don't want to **listen to** a person who only **talks about** themselves.

☐ these days 요즘은 ☐ hang out with ~와 어울리다 ☐ tight 빡빡한, 여유가 없는 ☐ meet up 만나다 ☐ once 한 번 ☐ normally 평상시에는, 보통 ☐ have a drink 술 한잔하다 ☐ good listener 남의 말을 잘 들어주는 사람 ☐ depend on the person 사람에 따라 다르다, 사람에 달렸다 ☐ only talk about oneself 자기 얘기만 하다

| DAY 29 | 친구의 생일 My Friend's Birthday p.122

It was Kim's birthday **yesterday**. We **had** a birthday **party at** a **restaurant in** the **neighborhood**. The restaurant is **a** 10-minute **walk from** my **house**. I **gave** Kim a scented candle **for** her **birthday present**. She was **satisfied with** the **present**. I was also **satisfied with** my **choice**. We **spent about** three hours **at** the **restaurant**. We **had** a **great time**.

□ birthday party 생일 파티 □ be a 10-minute walk from my house 우리 집에서 걸어서 10분 거리에 있다 ▸10-minute는 한 덩어리로 명사인 walk를 수식해 주고 있습니다. 이렇게 한 덩어리로 뒤에 있는 명사를 수식해 줄 때는 minute는 복수로 쓰지 않습니다. □ scented candle 향초 ▸scented [séntid] □ be satisfied with ~에 만족하다 □ have a great time 즐거운 시간을 보내다, 재미있게 놀다

| DAY 30 | 친구와의 대화 A Conversation with a Friend p.126

On the way **back** **home**, Kim and I **went** **to** the **park** that is **behind** her house. We **sat** **on** a **bench** and **had** a **talk**. I **was** a bit **tired**, but I **listened** **to** Kim. She **talked** **about** some issues **with** her **boss**. I **told** her that it is **complicated** to **solve** these types of **problems**, but it **wouldn't** **take** too much **time**. **When** I **got** **home**, **it** was 11:30 **p.m**. I **got** **ready** for bed and **went** to **sleep** **at** midnight.

□ on the way back home 집으로 돌아오는 길에 □ have a talk 이야기하다 □ a bit 약간, 조금 □ issue 문제 □ boss 상사 □ complicated 복잡한 □ solve 풀다, 해결하다 □ get home 집에 도착하다 □ get ready for bed 잘 준비를 하다 □ go to sleep 잠이 들다